Introduction

This workbook has been developed to help you practise all the skills needed for your AQA AS or A-level French examination. It is designed to be used either throughout your course or during your revision period.

Splitting the book into Theme 1 and Theme 2 means that the vocabulary used in each section is limited to a small number of topics, making your revision more focused. If you are taking the AS examination, you study only Themes 1 and 2. If you are taking the A-level examination, you study Themes 3 and 4 as well, and the questions in the exam are from across the four themes.

To succeed in your examination, you need to be confident in your listening, reading, writing and speaking skills. This book is divided by exam paper, each focusing on one of these skills. You also need a wide range of vocabulary and a good grasp of grammar, so these skills are practised within each exam-paper section. Throughout the book you will find the following:

- **Exam information**: at the beginning of the workbook, these pages tell you what to expect in the exam and which skills are being tested
- **Vocabulary list**: a selection of key vocabulary for this theme. Make sure you know the meanings of all these words and look up any you are unsure of. The exercises that follow this list use these words, giving you a chance to test your knowledge.
- **Vocabulary activities**: these introduce you to particular strategies for learning vocabulary and dealing with unknown words.
- **Grammar activities**: these activities use the words in the vocabulary list at the beginning of the section so that you can test your vocabulary while practising grammar. The references used here (A1 etc.) relate to the grammar section in the *AQA A-level French* textbook (9781471857959) and to *French A-level Grammar Workbook 1* (9781510417229) and *Workbook 2* (9781510417236), where you can find more grammar practice.
- **Exam-style questions**: these match the type of questions you can expect to find in your AQA examination. The answers are given online, so you can mark your responses yourself.
- **Exam-style worked examples**: for the summary and translation questions, worked examples are provided, in addition to the exam-style questions, to help you develop these key skills.
- **Film and literature activities**: a useful start for your revision for the Paper 2 examination.
- **Common mistakes**: these boxes indicate the pitfalls to avoid.
- **Strategies**: these boxes give you ideas for how to get the most out of your learning and revision.
- **Exam tips**: these offer valuable advice about how to succeed in the examination.

Audio files for listening exercises

The audio files for listening exercises can be downloaded from:
www.hoddereducation.co.uk/mflworkbookaudio

Answers

All answers to the exercises in this workbook can be found online:
www.hoddereducation.co.uk/mflworkbookanswers

Exam information

PAPER 1: LISTENING

AS	A-level
40 minutes	45 minutes
35 marks	30 marks

AS and A-level

- No dictionaries allowed.
- The listening part of the exam is Section A in Paper 1.
- You hear spoken passages from a range of contexts and sources covering different registers.
- Audio passages may include complex factual material as well as abstract content.
- The passages can be based on any of the topics you have studied.
- You have control of the recordings so you can pause, rewind and play when you want to.
- All questions are in French and you should answer them either in written French or with a letter in a box for multiple-choice questions.
- The questions test your ability to understand the main points, gist and details in the passages.
- One question requires a written summary in French. You listen to a passage and write a summary of it in French. Bullet points are provided to indicate which details you should include in your summary.
- Skills needed:
  - to be able to infer meaning from opinions, views and emotional reactions
  - to manipulate language accurately in writing, using a range of lexis and structure
- Marking:
  - Words or phrases from recording may be used without rephrasing it.
  - Minor spelling errors that do not distort the meaning are tolerated.
  - Marks are dropped if you include irrelevant material.

> ### ■ EXAM TIP
>
> For one question, you need to summarise in French what you have understood from the passage you have heard and marks will be awarded for the quality of French used. You must write in full sentences and use your own words as far as possible.
> In the other questions requiring a response in French, you should give only the specific information required by the question.

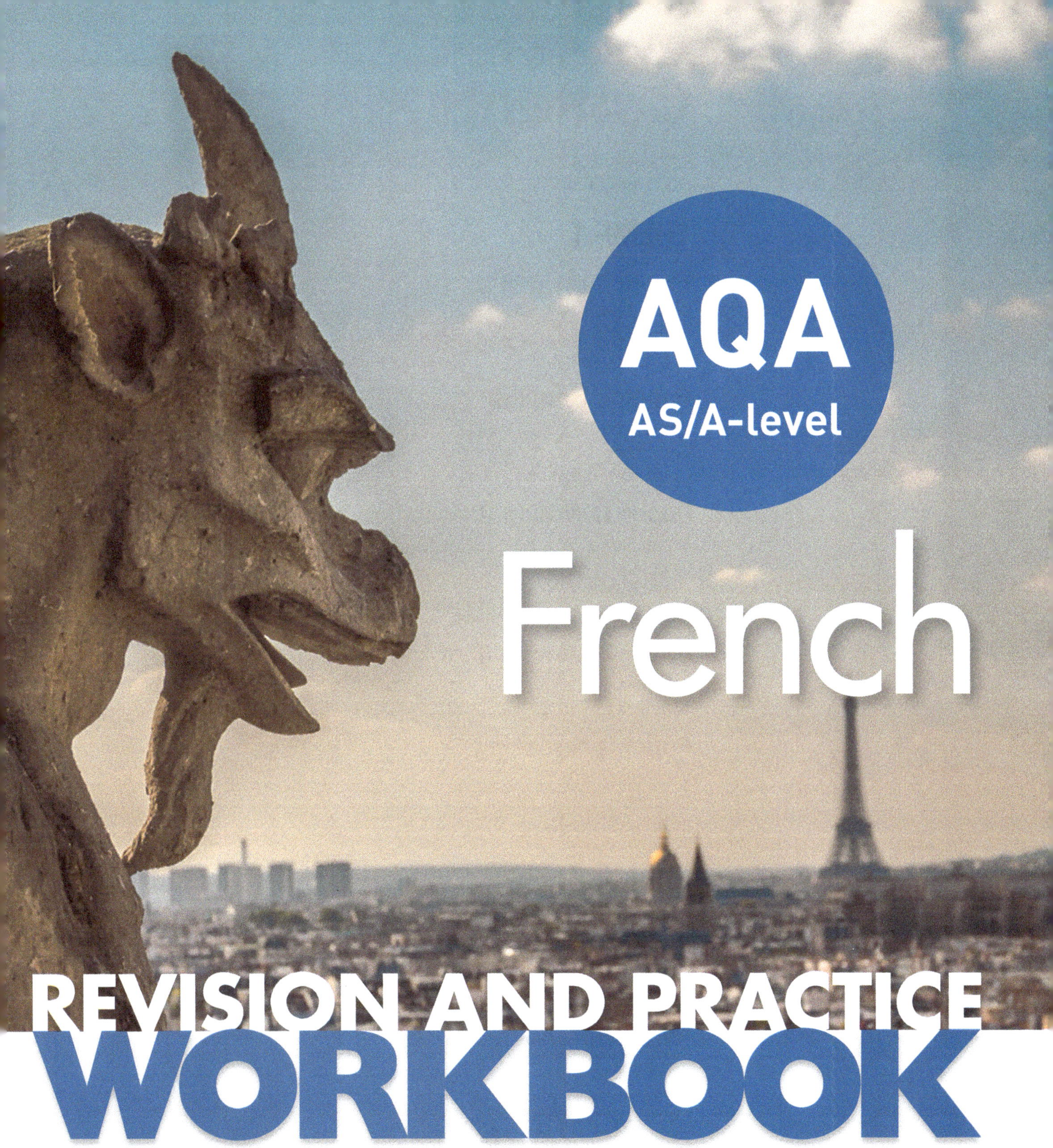

AQA
AS/A-level

French

REVISION AND PRACTICE WORKBOOK

Themes 1 and 2

Theme 1: Karine Harrington
Theme 2: Séverine Chevrier-Clarke

Contents

Introduction 3
Exam information 4

THEME 1

Paper 1: Listening
Vocabulary 9
Grammar 11
Exam-style questions 13

Paper 1: Reading
Vocabulary 17
Grammar 19
Exam-style questions 21

Paper 1: Writing (translation and summaries)
Vocabulary 26
Grammar 28
Exam-style questions 30
Exam-style worked examples 33

Paper 2: Writing (film and literature)
Vocabulary 37
Activities 38

Paper 3: Speaking
Vocabulary 42
Grammar 44
Exam-style questions 46

THEME 2

Paper 1: Listening
Vocabulary 49
Grammar 51
Exam-style questions 53

Paper 1: Reading
Vocabulary 56
Grammar 58
Exam-style questions 60

Paper 1: Writing (translation and summaries)
Vocabulary 64
Grammar 66
Exam-style questions 68
Exam-style worked examples 71

Paper 2: Writing (film and literature)
Vocabulary 77
Theme analysis 78

Paper 3: Speaking
Vocabulary 81
Grammar 83
Exam-style questions 85

PAPER 1: READING

AS	A-level
1 hour	1 hour 45 minutes
55 marks (including translation and summary)	70 marks (including translation and summary)
Reading passages are around 150–200 words	Reading passages are around 200–250 words

AS and A-level

- No dictionaries allowed.
- Reading tasks appear in Section B (Reading and Writing) of Paper 1, immediately after Section A (Listening and Writing).
- Section B includes four or five reading tasks centred around passages such as blogs, news items and literary-style texts.
- Section B reading tasks generally involve, but are not limited to:
  - identifying true/false/not mentioned statements
  - filling in the gaps of a text with the correct words from a list
  - answering questions briefly in French
  - selecting the correct option from multiple-choice statements (A, B or C)
- Skills tested include, but are not limited to:
  - scanning for and identifying key information, discarding irrelevant material
  - understanding challenging topic vocabulary
  - deciphering some complex grammatical structures
- Marking:
  - *Minor* spelling errors that do not distort meaning are tolerated.
  - Marks will be dropped if you include irrelevant material or if you copy parts of the reading passages that do not match the phrasing of the question set.

> ■ **EXAM TIP**
>
> It is important to practise exam-style reading questions as much as possible. There are many specific techniques you can learn that will boost your performance. For example, in a gap-fill task, there are usually more words than are needed, and you should eliminate those that do not fit a particular gap grammatically, regardless of what the thematic content of the text itself may be.

PAPER 1: WRITING (TRANSLATION AND SUMMARIES)

- Paper 1 is divided into two sections: A Listening and Writing; B Reading and Writing.
- The quality of your written language in both French and English is taken into account.
- Some reading and listening questions require answers in French. Apart from the summary questions, these answers need not be in full sentences.
- No dictionaries are allowed.

AS

Summary questions

- Two questions, one in each section, require you to write a summary in French.
- In Section A you have to listen to a passage and write a summary of it in French. In Section B you have to read a passage and write a summary of it in French.
- You should write no more than **70 words** and you should write in full sentences, using your own words as far as possible.
- For each question, 5 marks are available for the quality of your written French.

Translation into English

- One 10-mark question requires you to translate into English a passage in French of at least 70 words.

A-level

Summary questions

- Two questions, one in each section, require you to write a summary in French.
- In Section A you have to listen to a passage and write a summary of it in French. In Section B you have to read a passage and write a summary of it in French.
- For each answer, you should write no more than **90 words** and you should write in full sentences, using your own words as far as possible.
- For each question, 5 marks are available for the quality of your written French.

Translation into English and translation into French

- You have to translate two passages, each of at least 100 words, one from English into French, the other from French into English.
- For the translation from English into French, you are provided with a supporting text in French containing some of the vocabulary and structures that you need for the translation.
- 10 marks are available for each translation.

Skills assessed

- Manipulation of language, accuracy and range of lexis and structure.
- The ability to respond in writing to spoken and written language.
- The ability to translate accurately from French into English.
- The ability to translate accurately from English into French **(A-level only)**.

PAPER 2: WRITING (FILM AND LITERATURE)

AS	A-level
1 hour 30 minutes	2 hours
50 marks	80 marks
No access to dictionaries, texts or films is allowed.	

AS

Section A
Translation into French (15 marks)
- You are expected to translate sentences from English into French.
- You are provided with a supporting text in French containing some of the vocabulary and structures that you need to translate your sentences.

Section B
One essay on a film or a text (35 marks)
- You are expected to write about **250** words in **French** for your essay.
- There is no upper limit and everything you write will be marked.
- There is a choice of two questions for each film and text on the AQA prescribed list. You choose only **one** of the two.
- You are given **bullet points** to help you structure your essay but they are optional. You may decide to use some or all of the bullet points in your response. You are not restricted to these bullet points, but it is sensible to use them as a guide.

Skills assessed
- **AO3**: Manipulation of language, accuracy and range of lexis and structure. To achieve top marks, you need to use a range of complex structures and language. Your vocabulary needs to be specific and accurate.
- **AO4**: Critical response to the work. The structure of your essay needs to be logical and you need to respond critically. A mere description of the plot will not gain you a lot of marks. You need to use your knowledge of the plot to support your arguments.

A-level

You must write two essays, each are worth 40 marks.
- You are expected to write about **300** words in **French** for **each** essay. There is no upper limit and everything you write will be marked.
- There is a choice of two questions for each film and text on the AQA prescribed list. You choose only **one** of the two. You *must not* answer the two questions on the same work.
- You can write your two essays on two different books or one essay on one text and one essay on one film.

Skills assessed
- **AO3**: Manipulation of language, accuracy and range of lexis and structure. To achieve top marks, you need to use a range of complex structures and language. Your vocabulary needs to be specific and accurate.
- **AO4**: Critical and analytical response to the work. The structure of your essay needs to be logical and you need to respond critically and analytically. A mere description of the plot will not gain you many marks. You need to use your knowledge of the plot to support your arguments.

PAPER 3: SPEAKING

AS
- The oral examination lasts between 12 and 14 minutes and is worth 60 marks (30% of the AS).
- Your teacher will ask you questions based on **two** stimulus cards. For each of the two sub-themes for discussion you will be given a choice of two cards.
- You have 15 minutes to prepare. During this time you are allowed to write notes to help you during the test. You should prepare one question based on each of the two discussion topics to ask the teacher during the exam.
- Your teacher will spend about 6 or 7 minutes discussing each of the two stimulus cards and related issues.
- Your teacher will ask you the three questions which appear on the stimulus cards. The first question asks you to expand on the information given on the card; the second seeks your opinion about the information on the card; the third moves away from the card to explore the sub-topic more widely.

A-level

The oral examination lasts between 16 and 18 minutes and is worth 60 marks (30% of the A-level).

Part 1
- Your teacher will ask you questions based on **one** stimulus card chosen by you from a choice of two.
- You then have 5 minutes to prepare. During this time you are allowed to write notes to help you during the test. You should prepare two questions based on the stimulus card to ask the teacher during the exam.
- Your teacher will ask you the three questions which appear on the stimulus card. The first question asks you to expand on the information given on the card; the second seeks your opinion about the information on the card; the third moves away from the card to explore the sub-topic more widely.
- The discussion will last about 5 minutes.

Part 2
- You will present your research project for 2 minutes.
- Your teacher–examiner will then spend about 9 or 10 minutes discussing your research project with your teacher.
- When discussing your research project, you should be prepared for a wide range of question types which seek information, opinion and justification of your views.

AS and A-level

Skills assessed
- fluency and pace of delivery
- understanding of the material on the stimulus card
- the accuracy and complexity of your French and the quality of your pronunciation and intonation
- your knowledge and understanding of the sub-theme and your ability to develop and argument and to justify your opinions
- critical and analytical response **(A-level only)**

THEME 1

Paper 1: Listening

Vocabulary list

La famille en voie de développement

- les aïeuls
- adopter
- l'arrière-grand-parent (m)
- avoir la garde de
- la belle-famille
- compter sur
- le/la conjoint(e)
- conseiller
- consentir à
- dépendre de
- le désaccord
- le déséquilibre
- se disputer
- divorcer
- égal(e)
- élever
- en alternance
- s'entendre
- faire la nounou
- se faire du souci
- se faire vieux
- la famille homoparentale/ monoparentale/ recomposée/ nombreuse
- le fossé des générations
- garder
- les grandes vacances (f)
- les grands-parents maternels/paternels
- influencer
- la mamie
- s'occuper de
- le papy (or papi)
- partager
- les petits-enfants
- se séparer
- se soucier
- vieillir
- vivre

La cyber-société

- l'appli (application) (f)
- avancé(e)
- l'avancée (f)
- la base de données
- la carte à puce
- la carte-mémoire
- le clavier
- la compétence
- se connecter
- le courriel
- le dossier
- l'écran (m)
- l'enregistrement (m)
- l'ère (f) numérique
- l'essor (m)
- faciliter
- le fournisseur d'accès
- l'internaute (m/f)
- le lien
- se mettre à
- mettre à jour
- le mot de passe
- naviguer
- permettre
- le piratage
- pointu(e)
- le portable
- prédire
- le quotidien
- rendre facile
- renouveler
- saisir
- sauvegarder
- le site Internet
- télécharger
- le texto
- la toile

Le rôle du bénévolat

- accueillir
- à la rue
- l'assistant(e) social(e)
- autrui
- bénéficier
- le/la bénévole
- caritatif (-ive)
- consacrer du temps
- collecter
- défavorisé(e)
- démuni(e)
- la détresse
- le don
- égoïste
- s'engager
- l'équipe (f)
- être à la retraite
- être dans le besoin
- faire du bénévolat
- faire un don
- les fonds (m)
- généreux (-euse)
- grave
- le handicap
- handicapé(e)
- héberger
- humanitaire
- inquiétant(e)
- s'investir
- isoler
- loger
- lutter contre
- mendier
- la mission
- nourrir
- se porter bénévole
- rassembler
- recevoir de l'aide
- le refuge
- le sans-abri
- le SDF
- sensibiliser
- seul(e)
- solidaire
- la solitude
- souffrir de
- soutenir
- subvenir à ses besoins

Vocabulary activities

> ■ **STRATEGY**
> Certain endings indicate whether a word is masculine or feminine.
> - Words ending in *-isme*, *-er*, *-ion*, *-eur*, *-age* and *-ment* are usually masculine.
> - Words ending in *-té*, *-tion*, *-ère*, *-ille*, *-ette*, *-ence*, *-ance*, *-ique* and *-ée* are usually feminine.

1 Regardez les mots suivants et indiquez s'ils sont masculins ou féminins.

 1 mariage..
 2 vieillissement..
 3 séparation..
 4 différence..
 5 indépendance..
 6 recomposition..
 7 famille..
 8 partage..

2 Trouvez les verbes à partir desquels les mots ci-dessous sont dérivés.

 1 la sauvegarde..
 2 la saisie..
 3 le piratage..
 4 le téléchargement..
 5 la prédiction...
 6 le fournisseur...
 7 le renouvèlement...
 8 la mise à jour...

3 Pour chaque mot ci-dessous, trouvez dans la liste de vocabulaire de cette section un autre mot qui appartient à la même famille.

 1 assister..
 2 l'altruisme..
 3 démunir..
 4 l'hébergement..
 5 la mendicité...
 6 le soutien...
 7 la souffrance..
 8 la générosité..

> ■ **STRATEGY**
> Words with the same root can be grouped together in word families. Words within families have similar meanings, e.g. *battre*, *se battre*, *abattre*.
>
> When you come across a new word, look at the root of that word. If you know any other words that use the same root, you will have a good idea what the new word means.

Grammar activities

A3, A4 Definite and indefinite articles

- The definite articles are *le*, *la*, *l'* and *les*. They are used in front of nouns where sometimes in English they would be omitted
- Indefinite articles are *un*, *une* and *des*. Indefinite articles are used in the same way as in English but not before a profession, nationality or religion.

1 Complétez chaque phrase avec l'article défini qui convient.

1 .... parents comptent beaucoup sur .... grands-parents pour s'occuper des enfants quand ils travaillent.

2 En gardant leurs petits-enfants, ... grands-parents perdent leur temps libre.

3 .... meilleure amie de ma mère m'a dit que sa grand-mère n'est pas encore à .... retraite.

4 .... avancées technologiques ne sont pas toujours bénéfiques.

5 .... essor du nombre d'applis est impressionnant.

6 .... internautes devraient faire plus attention quand ils naviguent .... toile.

7 .... rue est souvent .... seul refuge pour de nombreux SDF.

8 Il faut impérativement lutter contre .... solitude et .... pauvreté.

2 Relisez l'exercice 1 et traduisez les phrases dans lesquelles les articles définis sont omis en anglais.

Exemple : **Parents** rely too much on **grandparents** to look after the children when they are at work.

3 Dans chaque phrase, traduisez les groupes nominaux en français.

1 (*grandparents*) se sentent dépassés par toutes (*new technologies*).

2 De nombreuses associations caritatives trouvent (*volunteers*) grâce à Internet.

3 (*This association's actions*) sont très efficaces pour collecter (*funds*).

4 (*Parents*) dépendent trop de (*grandparents' help*).

5 (*This town's new association*) a besoin d'un plus grand nombre de bénévoles pour mener (*an important mission*).

6 (*A large number*) de personnes disent que (*apps*) rendent (*daily life*) plus facile.

7 Sans (*these volunteers' contribution*) ils ne pourraient pas collecter tant d'argent.

8 (*Technological advances*) nous permettent d'avoir accès à un plus grand choix.

B1, B2, B3 Agreement and position of adjectives

- Adjectives are describing words and their endings agree in gender and number with the word they refer to. The common rule is to add -e for feminine and -s when it is plural. Some adjectives have their own pattern, e.g. those ending in -eux, -eau, -if, -al.
- Adjectives usually come after the noun, but some adjectives come before the noun, e.g. *joli, beau, petit*.

1 Dans chaque phrase, choisissez la forme correcte de l'adjectif.

1 Certaines procédures de divorce peuvent être **compliqués** | **compliquées**.

2 Les enfants vivent très mal l'absence **paternelle** | **paternel**.

3 Dans certains cas, les enfants doivent être **élevées** | **élevés** par leurs grands-parents.

4 De nombreux enfants sont **accueillis** | **accueillies** par une famille **adoptif** | **adoptive**.

5 Les grands-parents contribuent à préserver une vie **équilibrée** | **équilibré** pour les enfants.

6 Les grandes vacances sont souvent **partagées** | **partagés** entre parents et grands-parents.

7 Le fossé entre les générations est de plus en plus **grands** | **grand**.

2 Dans chaque phrase, écrivez l'adjectif donné entre parenthèses à la forme correcte.

1 La carte-mémoire peut être (DÉFECTUEUX) ....

2 On entend souvent parler de bases de données qui ont été (PIRATÉ) ....

3 Le lycée de mon correspondant français lutte activement contre les téléchargements (ILLÉGAL) ....

4 Tous les jours, on découvre de (NOUVEAU) .... applications.

5 Pour se protéger contre le piratage, il faut avoir des mots de passe (UNIQUE) ....

6 Les Français sont de plus en plus accros aux téléphones (INTELLIGENT) ....

7 Les technologies de la vie quotidienne sont de plus en plus (AVANCÉ) ....

8 On voit un essor des logiciels (ÉDUCATIF) ....

3 Traduisez les adjectifs ou groupes nominaux entre parenthèses en français. Faites attention à la terminaison des adjectifs et leur position !

1 De nombreux réfugiés ne sont pas bien (*welcomed*) dans certaines villes de France.

....
....
....

2 Des (*underprivileged families*) ont été (*put up*) par certains habitants de ce village.

....
....

3 Les (*social issues*) sont de plus en plus (*worrying*).

....
....

4 Des fonds seront (*collected*) pour une (*charity association*).

....
....

5 Il ne faut pas ignorer les (*poor populations*).

....
....

6 De nombreux citoyens ont montré qu'ils sont (*supportive*).

....
....

7 Il est regrettable que certaines personnes soient très (*selfish*) face aux plus démunis.

....
....

8 Les associations comptent sur l'engagement de nombreuses (*generous people*).

....
....
....

Exam-style questions

1 Mon nouveau portable

Écoutez Mathilde qui donne son avis sur son dernier téléphone portable. Quelle est son attitude envers les aspects suivants de son portable ?

Pour une attitude positive, notez **P**.

Pour une attitude négative, notez **N**.

Pour une attitude positive et négative, notez **P+N**.

Écrivez les bonnes lettres dans les cases.

1. la taille du téléphone ☐ [1 mark]
2. l'écran ☐ [1 mark]
3. la mémoire du téléphone ☐ [1 mark]
4. la connectivité ☐ [1 mark]
5. la batterie ☐ [1 mark]

> **EXAM TIP**
> Think of different ways a positive and a negative opinion can be expressed. It can be done with adjectives, expressions or verbs.

2 L'association Les petits frères des Pauvres

Écoutez ce reportage à la radio française avec Fabrice qui est bénévole pour l'association Les petits frères des Pauvres. Répondez aux questions en **français**. Essayez de répondre le plus directement possible et d'écrire des réponses concises. Il n'est pas toujours nécessaire de faire des phrases complètes.

1. Quelles personnes, en particulier, bénéficient de l'aide de cette association ? Donnez **trois** détails. [3 marks]

   ....
   ....
   ....
   ....

> **STRATEGY**
> It is important to think of different ways something can be expressed. When you listen to something in French, think about how it could have been said differently.

2. Donnez **deux** exemples d'actions dont ces personnes peuvent bénéficier. [2 marks]

   ....
   ....
   ....

3. Comment l'association collecte-t-elle des fonds ? Donnez **deux** détails. [2 marks]

   ....
   ....
   ....

4. Quel est le souhait de Fabrice ? [1 mark]

   ....
   ....

> **EXAM TIP**
> Read the questions carefully to make sure you know exactly what information you need. Some of the information that you will hear will not be needed.

3 Les grands-parents canadiens d'aujourd'hui

Écrivez en **français** et **en phrases complètes** un paragraphe de 70 mots au maximum où vous résumez ce que vous avez compris en suivant les points suivants :
- les différences entre les grands-parents d'avant et d'aujourd'hui [2 marks]
- comment les grands-parents aident leurs enfants [3 marks]
- les inconvénients du nouveau rôle des grands-parents [2 marks]

Attention ! Il y a 5 points supplémentaires pour la qualité de votre langue. **Essayez donc d'utiliser vos propres mots autant que possible.** [5 marks]

> **EXAM TIP**
> In your summary ensure that you use a rich and varied language.

4 Les jeunes Français et le bénévolat

Écrivez en **français** et en **phrases complètes** un paragraphe de 70 mots au maximum ou vous résumez ce que vous avez compris en suivant les points suivants :

- la tendance actuelle en ce qui concerne les jeunes et le bénévolat [2 marks]
- les différents domaines [2 marks]
- les raisons de s'engager [3 marks]

Attention ! Il y a 5 points supplémentaires pour la qualité de votre langue. **Essayez donc d'utiliser vos propres mots autant que possible.** [5 marks]

> **COMMON MISTAKE**
> Do not transcribe everything you hear. You need to pick out the relevant information.

5 La famille sénégalaise en plein changement

Écoutez cet extrait d'un reportage sur la famille au Sénégal.

Répondez aux questions en **français**. Essayez de répondre le plus directement possible aux questions et d'écrire des réponses concises. Il n'est pas toujours nécessaire de faire des phrases complètes.

1 En quoi est-ce que la structure de la famille sénégalaise était différente auparavant ? Donnez deux détails. [2 marks]

....
....
....
....

2 Selon Francis, quelle est la raison principale de ce changement ? [1 mark]

....
....
....

3 Comment est la situation dans les autres pays d'Afrique ? [1 mark]

....
....
....

4 Selon Francis, à quoi doivent faire face les enfants désormais ? Donnez deux détails. [2 marks]

....
....
....
....

■ EXAM TIP

Pay attention to the number of marks per question.

Paper 1: Reading

Vocabulary list

La famille en voie de changement

l'allongement (m) de la vie	se confier à	la fille	le petit-fils/la petite-fille
à temps plein/complet	le/la conjoint(e)/partenaire	le fils	ranger
s'attendre à	le demi-frère	le fils unique	le/la retraité(e)
avoir peur de	la demi-sœur	le frère adoptif/d'adoption	rompre
le bazar	le désordre	houleux (-euse)	au sein du foyer
le beau-frère	la dispute	isolé(e)	la structure familiale
le beau-père	divorcer	mort(e)	la tante
la belle-mère	ensemble	mourir	le toit
la belle-sœur	s'entendre	le neveu	se transformer
la bonne à tout faire	espérer	la nièce	vivre
le/la casse-pieds	faire partie de	l'oncle (m)	
compter sur	la femme de ménage	pareil(le)	

La cyber-société

l'argent (m)	se déplacer	investir	prometteur (-euse)
assister	à distance	l'investisseur (m)	la relation humaine
bénéficier	échanger	isolé(e)	relever un défi
la chaleur	encourageant(e)	le manque	remplacer
circuler	l'entreprise (f)	la marchandise	rêver
le commerce mobile	faire des affaires	le paiement	saisir sa chance
la commodité	futuriste	le paiement électronique	spectaculaire
constater	l'impact (m)	le paiement mobile	la tablette éducative
le cours interactif	importer	le particulier	la téléphonie
la croissance économique	l'infrastructure (f)	parvenir à	
le cybercommerce	l'ingéniosité (f)	la pénurie	
le défi	interminable	le progrès	

Le rôle du bénévolat

l'acte (m)	le concert	impliqué(e)	promouvoir
ambulant(e)	donner un concert	s'impliquer	le public
apaiser	donner un coup de main	inconnu(e)	le quartier
appartenir à	découvrir	s'indigner	quotidien(ne)
l'atelier (m)	se dévouer	informer	le rassemblement
avoir le cœur sur la main	être à la retraite	s'investir	se rassembler
la banque alimentaire	être déprimé(e)	la maladie incurable	séjourner
la brochure	donner de son temps	la maladie rare	la soupe populaire
le camp international	l'entraide (f)	la méconnaissance	la tâche
la cause	faire prendre conscience	mettre à disposition	temporaire
le chantier	le foyer d'accueil	la mission	
la communauté	la gentillesse	se mobiliser	

STRATEGY

Words with the same root can be grouped together in word families. Words within families have similar meanings e.g. *battre, se battre, abattre*.

When you come across a new word, look at the root of that word. If you know any other words that use the same root, you will have a good idea what the new word means.

Vocabulary activities

1 Pour chaque mot ci-dessous trouvez dans la liste de vocabulaire de cette section un autre mot qui appartient à la même famille.

1 se disputer ....
2 l'isolement ....
3 entreprendre ....
4 le marché ....
5 payer ....
6 promettre ....
7 un spectacle ....
8 méconnaitre ....

2 Regardez les noms suivants. D'abord identifiez ce qu'ils ont tous en commun, puis trouvez le verbe de la même famille.

....

1 l'entendement ....
2 l'isolement ....
3 le rangement ....
4 le déplacement ....
5 l'encouragement ....
6 l'investissement ....
7 le remplacement ....
8 le regroupement ....

STRATEGY

It is important to learn irregular word family patterns such as *poumon/pulmonaire*; *main/manuel*; *mer/marée*; *chaud/chaleureux*.

3 Les mots soulignés dans les phrases suivantes font partie de la même famille que certains mots des listes de vocabulaire de cette section. Pour chacun d'entre eux, identifiez le mot qui appartient à la même famille.

1 De nos jours, on voit une augmentation du nombre d'adultes qui passent leur <u>vie</u> tout seuls. ....

2 Comme de nombreuses personnes ont perdu tout <u>espoir</u>, ils se tournent vers des associations caritatives. ....

3 Malheureusement, chaque année les associations caritatives déplorent <u>la mort</u> d'un bon nombre de SDF. ....

4 Cette femme isolée avec trois enfants a reçu de l'aide d'un <u>donateur</u> inconnu. ....

5 Ce <u>promoteur</u> célèbre va construire un foyer pour les jeunes en réinsertion sociale. ....

6 Le repas offert par cette association s'est déroulé dans une ambiance très <u>cordiale</u>. ....

Grammar activities

H1.1, H1.2 Present tense

- There are three groups of regular verbs. Their endings are *-er*, *-ir* and *-re* and each group has its own set of endings for each person.
- The present tense is used for actions that happen regularly, that have been happening for some time and are happening now.

1 Complétez les phrases suivantes en mettant les verbes entre parenthèses au présent.

1. Dans notre famille, on (COMPTER) .... tous l'un sur l'autre.

2. Depuis une cinquantaine d'années le nombre de couples qui (DIVORCER) .... ne cesse d'augmenter.

3. De nombreuses mères isolées (TRAVAILLER) .... à temps plein pour pouvoir subvenir aux besoins de leurs enfants.

4. Les pays d'Afrique francophone (INVESTIR) .... de plus en plus dans la téléphonie mobile.

5. Dans cette ère d'Internet, les pays africains francophones (SAISIR) .... aussi leur chance.

6. Dans certains pays africains l'éducation à distance (REMPLACER) .... progressivement l'éducation traditionnelle.

7. Les associations caritatives (INFORMER) .... le public pour combattre la méconnaissance.

8. Il est impressionnant de voir tant de volontaires qui (DONNER) .... de leur temps aux chantiers bénévoles.

2 Traduisez les phrases suivantes en français. Tous les verbes sont au présent.

1. An important team of volunteers has been helping this association for months to raise money.

   ....
   ....
   ....
   ....

2. This association is informing the public on the help it provides.

   ....
   ....
   ....

3. For years now this charity has been making the public aware of some unknown incurable diseases.

   ....
   ....
   ....
   ....

4. This soup kitchen is currently serving about 100 meals a day for people in the area.

   ....
   ....
   ....

5. This hostel is making a lot of support available for homeless people.

   ....
   ....
   ....

6. I have been on a mission in an international camp for a few months already.

   ....
   ....
   ....

7. These volunteers are promoting and supporting the local food bank.

   ....
   ....
   ....
   ....

8. These young people are staying in this temporary centre.

   ....
   ....
   ....

H2 Reflexive verbs

- The infinitive form of a reflexive verb has *se* or *s'* (the reflexive pronoun) in front of it.
- Each person has a different pronoun e.g. *je me, tu te*.
- A reflexive verb means that the subject of the verb does the action to itself.

1 Faites une liste des verbes pronominaux que vous avez vus dans les listes de vocabulaire de cette section.

....
....
....
....
....
....
....
....
....
....

2 Complétez les phrases en conjuguant les verbes entre parenthèses.

1 Comme de plus en plus de grands-parents (SE FAIRE VIEUX) .... , ils ne peuvent plus garder les enfants.

2 De plus en plus de parents (SE FAIRE DU SOUCIS) .... à cause des problèmes sur Internet.

3 De nombreux grands-parents passent leur retraite à (s'occuper) .... de leurs petits-enfants.

4 Chaque année de nombreux couples (SE SÉPARER) ....

5 Ça fait 10 ans que je (SE PORTER VOLONTAIRE) ....

6 Il est dommage que de nombreux jeunes (SE METTRE ENSEMBLE) .... trop tôt.

7 Ces retraités (S'ENGAGER) .... régulièrement pour de grandes causes.

8 Ils (S'INVESTIR) .... beaucoup pour cette association.

3 D'abord écrivez en français le verbe pronominal pour chaque verbe anglais souligné. Puis, traduisez les phrases en français. Les phrases sont au présent.

1 In France, the family structure <u>has been changing</u> for years now.

Verbe pronominal : ....

Traduction : ....

....

....

2 Nowadays, parents <u>expect</u> more from their parents.

Verbe pronominal : ....

Traduction : ....

....

....

3 People <u>get together</u> without getting married.

Verbe pronominal : ....

Traduction : ....

....

....

4 The number of young people who <u>volunteer</u> has recently increased.

Verbe pronominal : ....

Traduction : ....

....

....

5 It seems to me that in France retired people <u>commit</u> more to charity work.

Verbe pronominal : ....

Traduction : ....

....

....

6 Every year in France artists gather to collect funds.

Verbe pronominal : ....

Traduction : ....

....

....

Exam-style questions

1 Les familles recomposées en France

Lisez cet article sur les familles recomposées qui est apparu dans un magazine. Complétez l'article en choisissant des mots dans la liste A-L. Écrivez la lettre dans la case.

[8 marks]

Depuis plus de 15 ans maintenant la famille française se transforme avec une explosion du nombre des couples qui rompent, menant ainsi à une ☐ du nombre de familles recomposées et monoparentales. Selon une enquête récente, 10 % des mineurs français vivent dans des familles ☐. L'enquête montre aussi qu'il est maintenant évident que les couples durent de moins en moins ☐, ce qui explique que désormais un tiers des personnes âgées de 26 à 65 ans qui ☐ en couple ont déjà vécu une séparation, et la probabilité de rompre est la plus ☐ lors des deux premières années de la cohabitation. Et bien sûr les enfants sont ☐ par ces changements de la structure familiale qui les conduisent à vivre dans des familles ☐ ou recomposées. Finalement, une autre constatation de cette enquête est qu'environ les trois-quarts des enfants vivent avec leur mère après la séparation des parents, environ 10 % sont avec leur père et 15 % se retrouvent ☐. Et cette situation reflète la décision prise par les parents. Il est rassurant de voir aussi que la plupart des parents parviennent à s'accorder, sans ☐, sur la garde de leurs enfants.

Lettre	Mot
A	élevée
B	baisse
C	longtemps
D	augmentation
E	se séparent
F	vivent
G	recomposées
H	disputes
I	monoparentales
J	en alternance
K	seules
L	touchés

■ EXAM TIP

Your understanding of grammar will help you in this type of task. Looking at how the verbs are conjugated and whether the nouns and adjectives are masculine, feminine, singular or plural will help you work out which words could fit and which do not make sense grammatically.

2 Les concerts des Restos du Cœur rapportent gros

Lisez le texte sur les concerts des Restos du Cœur, une association caritative, et écrivez les lettres des quatre phrases vraies dans les cases.

> Afin de récolter des fonds, l'association Les Restos du Cœur organise des spectacles musicaux chaque année dans les plus grandes villes de France comme Toulouse, Lille, Paris qui sont aussi diffusés à la télé. C'est environ plus d'une vingtaine de millions d'euros qui est versée à l'association caritative grâce aux ventes de tickets de concert et autres dérivés. C'est également une bonne soirée pour la chaine de télévision qui rassemble une de ses plus grandes audiences. En effet, le concert des Restos du Cœur égale presque l'audience des grands évènements sportifs retransmis à la télé.
>
> Sur la trentaine d'artistes que rassemblent les concerts, certains sont présents au rendez-vous annuel depuis des dizaines d'années, d'autres vivent chaque année leur première expérience des Restos. C'est une occasion pour le public de voir tous leurs artistes préférés mais aussi pour montrer leur solidarité envers cette grande cause pour laquelle les artistes s'investissent bénévolement. En effet, ces artistes ne sont ni payés pour leur présence au concert ni pour leur préparation pour celui-ci ; tous ont vraiment le cœur sur la main et font preuve d'une immense gentillesse pour toutes les personnes dans le besoin auxquelles l'association tentent de venir en aide. Les artistes sont nourris et logés par l'association et il faut aussi noter que leurs familles et amis doivent aussi payer leurs places pour assister aux concerts. Il faut aussi se rappeler que cette association distribue des millions de repas chaque année et comptent sur la générosité des gens pour pouvoir continuer ses actions. Les Restos du Cœur accueillent également plus de 900 000 personnes dans ses centres répartis à travers la France. Il ne faut pas oublier la contribution d'une équipe gigantesque de volontaires partout en France, sans qui l'association ne pourrait exister.

A Les concerts ne sont diffusés qu'à la télévision.

B Certains artistes demandent à être payés pour une partie des concerts.

C Chaque année ce sont des nouveaux artistes qui divertissent le public.

D L'association prend en charge la nourriture et le logement des artistes.

E Grâce aux concerts, l'association reçoit une somme de plus de vingt millions d'euros.

F Le concert des Restos du Cœur à la télé est plus populaire que les manifestations sportives.

G L'association des Restos du Cœur ne fait pas que de distribuer des repas.

H Les places de concerts ne sont pas gratuites pour les proches des artistes.

I Les centres des Restos du Cœur ne se trouvent qu'à Toulouse, Lille et Paris.

[4 marks]

3 La téléphonie santé en France

Lisez le texte sur la téléphonie santé en France. Pour chaque phrase écrivez :

V – vrai, **F** – faux, ou **ND** – information non-donnée

> La téléphonie santé, regroupant des lignes et des sites Internet, a pour but d'offrir de la prévention et de l'aide à distance dans le domaine médical. Désormais, elle est devenue une téléphonie plus sociale que médicale, fournissant de l'accompagnement et du soutien à tous ceux qui rencontrent des difficultés psychologiques. Le téléphone et Internet sont devenus de véritables moyens d'accompagnement pour les personnes qui souffrent. Il est intéressant de se pencher sur les grandes phases de développement de cette aide à distance, qui de nos jours, aident des milliers de personnes.
>
> Tout a commencé dans les années 60 avec SOS Amitié qui avait pour but d'offrir, grâce à une équipe de volontaires, une écoute 24 heures sur 24 et 7 jours sur 7, aux personnes en détresse et qui avaient besoin de se confier. Ce service reposait sur l'anonymat des personnes qui appelaient pour qu'elles parlent en toute liberté. Puis, d'autres services ont vu le jour visant à aider un plus grand nombre de personnes et d'autres problèmes. Récemment sont venues s'ajouter des lignes consacrées à la discrimination raciale ou aux sans-abris. Ces services n'auraient pu ni voir le jour ni se développer sans l'engagement d'une armée de volontaires. Pour répondre à une demande d'aide croissante et variée, les services ont dû se professionnaliser tout en comptant toujours la générosité des tous ces hommes et ces femmes qui n'hésitent pas à s'investir. Chaque année, ce sont des milliers de personnes qui appellent ces lignes ou qui visitent des sites Internet. Il est donc indéniable que la téléphonie santé et sociale a un impact important sur la population, dans le domaine de la prévention, de l'écoute et des aides proposées.

EXAM TIP

Look out for paraphrases and synonyms of the ideas of each statement.

1 Les services de la téléphonie santé n'est disponible que par téléphone.

2 Ceux qui utilisent les services de la téléphonie sont des personnes qui ont des problèmes médicaux.

3 Il y a plus d'hommes que de femmes qui font appel à ces services.

4 Ces services de téléphonie sociale viennent seulement de voir le jour.

5 Les services de la téléphonie comptent seulement sur le bénévolat.

6 Les personnes qui appellent les services d'aide sont pour la plupart des SDF.

7 Il existe environ une trentaine de services différents disponibles.

8 Les personnes qui appellent SOS Amitié ne doivent pas donner de renseignements personnels afin de pouvoir bénéficier de l'aide.

9 SOS Amitié est un service qui offre de l'aide en continu.

10 La téléphonie santé et sociale n'offre pas que de l'écoute.

[10 marks]

COMMON MISTAKE

Do not jump to conclusions. Read the statements you are given and the part of the text where the information is given in *full*.

4 Le coaching en affaires familiales

Lisez cet extrait d'un article au sujet du coaching en affaires familiales, puis répondez aux questions en **français**. Essayez de répondre le plus directement possible aux questions et d'écrire des réponses concises. Il n'est pas toujours nécessaire de faire des phrases complètes.

Le « coaching » familial vient de voir le jour en France pour l'accompagnement des familles recomposées dont le nombre ne cesse de croitre. Si la demande est peu forte en ce moment, il y a cependant des signes qui montrent aux experts que de plus en plus de familles ont, ou auront très prochainement, besoin de ce soutien. Les situations sont loin d'être simples en considérant les difficultés que rencontrent les ex et nouveaux conjoints pour la garde des enfants, les remariages et les conflits au sein du nouveau foyer. Le « coaching » familial est aussi disponible pour les parents isolés qui souhaitent se réinvestir dans une famille.

Les professionnels du « coaching » familial ne proposent pas seulement de l'aide en personne chez les clients ou dans un autre endroit, mais aussi un grand choix de services comme forums d'échanges et conférences en ligne. Les parents cherchent aussi des réponses sur les aspects juridiques, ce que ces experts leur fournissent en leur proposant des programmes adaptés à leur situation. Et c'est cette personnalisation du soutien que les clients préfèrent le plus.

On a recours au « coaching » familial pour plusieurs raisons comme par exemple pour des relations très houleuses avec l'ex-conjoint. Il faut que les parents s'accordent pour organiser la vie de leurs enfants mutuels ! C'est exactement ce que le site, Family Facility, propose: un endroit virtuel où les deux parents séparés peuvent entretenir une communication sans se disputer.

Apparemment, les familles préfèrent le « coaching » à la thérapie qui peut parfois avoir une connotation assez négative. Le « coaching », lui, s'avère être une expérience plus positive.

> **STRATEGY**
> When you learn a new word or a new phrase, learn synonyms as well. For instance here *voir le jour* means *naitre*.

1 Quelle est la situation du coaching familial ? Donnez **deux** détails. [2 marks]

2 En quoi le coaching familial peut être utile pour des parents seuls ? [1 mark]

3 Selon le texte, à part l'aide à distance, comment est-ce que les clients peuvent avoir accès à l'aide d'un coach en affaires familiales ? [2 marks]

> **EXAM TIP**
> Be prepared to manipulate some of the language that you want to re-use.

4 Qu'est-ce qui plait le plus aux parents qui font appel au service d'un coach ? [1 mark]

5 Que favorise le site Family Facility entre les deux parents séparés ? [1 mark]

6 À part le coaching, comment est-ce que les parents peuvent essayer de résoudre leurs problèmes ? [1 mark]

5 La cyber-violence à l'école

Lisez cet article qui vient d'un magazine français. Il s'agit d'une enquête sur la cyber-violence.

Une enquête récente vient de confirmer ce que parents et professeurs vivent au quotidien : la cyber-violence gagne du terrain, pas seulement sur les réseaux sociaux mais aussi dans les cours d'école. En effet, le nombre d'élèves qui sont victimes de violence sur Internet a doublé en peu de temps et les actes malveillants ont changé. Que ce soient insultes, textos ou vidéos personnelles, il s'avère que les élèves sont même poursuivis jusque dans les toilettes. Les enfants sont très conscients qu'ils ne sont plus à l'abri nulle part et que tous leurs faits et gestes peuvent être épiés à tout instant. Bien que les établissements organisent davantage de campagnes de prévention, le nombre d'élèves qui ont accès à Internet ne cesse d'augmenter, mais ce qui inquiète le plus c'est que ces utilisateurs sont de plus en plus jeunes.

Choisissez dans le texte suivant un mot ou une expression qui a le même sens que les expressions suivantes (qui sont dans l'ordre du texte) :

1 grandit

.... [1 mark]

2 méchants

.... [1 mark]

3 traqués

.... [1 mark]

4 ce qu'ils font

.... [1 mark]

5 observés

.... [1 mark]

Paper 1: Writing (translation and summaries)

Vocabulary list

La famille en voie de changement

l'adoption (f)	de nos jours	l'héritier (-ière)	se pacser
l'adultère (m)	déranger	inclure	la (pension de) retraite
atteindre	le devoir	la liberté	permettre
l'autorisation (f)	disparu(e)	la majorité	la souffrance
l'aventure (f) amoureuse	le droit	le mari	souffrir de
le bon sens	égal(e)	mettre fin à	subir (des changements)
casser	l'égalité (f)	la moitié	le versement
chercher	faire du mal	la mort	
le/la conjoint(e)	la femme	le PACS	
le décès	la fidélité	pacsé(e)	

La cyber-société

actif (-ive)	consommer	le forum	passif (-ive)
s'approprier	consulter	le fournisseur d'accès	la pièce jointe
l'arobase (f)	le courriel	s'inscrire	se poser une question
l'article (m) de presse	le courrier électronique	l'internaute (m/f)	se servir de
l'autoroute (f) de l'information	le/la cybernaute	mettre en ligne	taper (à l'ordinateur)
la barrière de sécurité	se défendre	le navigateur	télécharger
se borner à	la discussion en ligne	naviguer	le thème
chatter	l'émission (f) de radio/ de télé	l'outil (m)	se tromper
le clavier	se fier à	la page d'accueil	s'utiliser
la clé USB	la foire aux questions (FAQ)	se parler	virtuel(le)
se confiner		partager	

Le rôle du bénévolat

l'accident (m)	la dépendance	inquiétant(e)	la séance
l'accro (m/f)	désemparé(e)	lutter contre	le seuil
l'ado (m/f)	la douleur	maigre	le sevrage
l'aide (f)	la drogue	le médicament	souffrir de
l'anonymat (m)	effrayant(e)	mettre en œuvre	soutenir
apprendre à	en ligne	oser	le soutien
bénéficier de	l'époque (f)	le/la participant(e)	le tabac
le cannabis	la fumée	le poids	le tabagisme
le contenu	fumer	la proportion	le taux de mortalité
de fil en aiguille	la guérison	restaurer	la toxicomanie
dangereux (-euse)	incroyable	se retrouver à la rue	

Vocabulary activities

1 Trouvez dans la première liste de vocabulaire les noms qui sont dérivés des verbes suivants :

   1 adopter ....
   2 décéder ....
   3 disparaitre ....
   4 autoriser ....
   5 hériter ....
   6 mourir ....
   7 souffrir ....
   8 verser ....

2 Regardez les préfixes suivants. Trouvez dans les trois listes de vocabulaire de cette section des mots qui contiennent ces préfixes.

   - con/com-
   - télé-
   - dé-
   - in/im-

   ....
   ....
   ....
   ....

3 Maintenant lisez la stratégie et réfléchissez à la formation des mots que vous avez trouvés. En quoi les préfixes vous aident-ils à comprendre la signification de ces mots ?

   ....
   ....
   ....
   ....

> ### ■ STRATEGY
> Knowing the meanings of common prefixes will help you understand and remember words.
> - *im-/in-/dé-/dés-/dis-* generally have a negative meaning
> - *co-/con-/com-/in-* can mean 'with' or 'together'
> - *télé-* means 'from a distance'
> - *homo-/syn-/sym-* mean 'same'
> - *sur-* means 'over'

4 Regardez les mots suivants et écrivez des mots qui appartiennent à la même famille contenant les préfixes de la stratégie.

   1 parental ....
   2 la communication ....
   3 la sexualité ....
   4 faire ....
   5 activer ....
   6 fidèle ....
   7 le poids ....
   8 une dose ....

Grammar activities

H4 Perfect tense

- The perfect is used to talk about a completed action in the past.
- The perfect is a compound tense and is formed with either *avoir* or *être* plus the past participle of the verb. Most verbs take *avoir*. Reflexive verbs and the following verbs take *être*: *aller*, *arriver*, *descendre*, *entrer*, *monter*, *mourir*, *naitre*, *partir*, *rester*, *sortir*, *tomber* and *venir*.

> **COMMON MISTAKE**
> The perfect tense is not used to translate an action that has been going on for some time. For instance, 'I have had a Facebook account for 2 years' is translated using the *present* tense, e.g. *J'ai un compte Facebook depuis 2 ans*.

1 Complétez les phrases suivantes avec le participe passé qui convient.

> attendu   navigué   subi   chatté   partagé   bénéficié

1 Mes amis ont .... pendant des heures hier sur Internet.

2 Mes parents ont .... sur Internet pendant au moins 3 heures pour trouver une solution à leurs problèmes d'héritage.

3 Il a .... des informations personnelles sur un forum de discussion.

4 Ces SDF ont .... du soutien moral des bénévoles de ce foyer.

5 De fil en aiguille, ces ados ont .... les conséquences de la toxicomanie de leurs parents.

6 Cet homme a .... patiemment la guérison de sa femme grâce au soutien de cette association caritative.

2 Écrivez le participe-passé de chaque verbe ci-dessous. Consultez un dictionnaire si nécessaire.

1 commettre ....

2 souffrir..

3 inclure ....

4 soutenir..

5 atteindre...

6 disparaitre ....

3 Reliez les bouts et fins des phrases. Écrivez la lettre de la fin de la phrase dans la case.

1 Les membres de cette association sont…

2 Ces toxicomanes sont …

3 Ces personnes sont…

4 Les parents de ces enfants sont…

5 Le tabagisme est…

6 Ces enfants sont…

A morts à cause de leur toxicomanie.

B devenu une grande cause.

C restées en-dessous du seuil de pauvreté pendant longtemps.

D nés dans une famille de toxicomanes.

E descendus dans la rue.

F allés à plusieurs séances offertes par cette association.

4 Mettez les verbes pronominaux au passé-composé.

1 Malheureusement des voleurs (S'APPROPRIER) .... ses détails personnels.

2 Mes grands-parents (SE BORNER) .... à ne pas utiliser Internet.

3 Il (SE DEFENDRE) .... contre les personnes qui ont essayé de pirater son compte.

4 Elle (NE PAS SE FIER) .... à la personne qui lui demandait trop de détails personnels.

5 Je (S'INSCRIRE) .... sur ce forum de discussion.

6 Il (SE SERVIR) .... de la foire aux questions pour trouver une réponse à son problème.

7 Elle (SE CONFINER) .... nuit et jour derrière son écran pendant des mois.

8 Elles (SE TROMPER) .... d'adresse Internet quand elles ont envoyé leurs documents.

H8 Expressing the future

- To express the future, you can use the immediate (or near) future, which is formed using *aller* in the present tense followed by the infinitive of the verb, e.g. *Je vais parler*.
- You can also use the future tense. This is formed by adding the respective present tense parts of *avoir* to the infinitive form of the verb. For *-re* verbs, remove the *-e* first, before adding the endings.
- Some verbs are irregular and will have a different form for the future tense, such as *faire → fer-*, *aller → ir-* and *devoir → devr-*.

1 Mettez les verbes entre parenthèses au futur. Il y a des verbes réguliers et irréguliers.

1. Ce couple (CONSIDÉRER) .... l'adoption.
2. De nombreux jeunes (AVOIR) .... des aventures amoureuses avant de se mettre ensemble.
3. Quand ils (ROMPRE) .... , ils (FAIRE) .... du mal à leur fille.
4. Les enfants (SUBIR) .... inévitablement les conséquences des disputes de leurs parents.
5. Ce couple (DÉCIDER) .... de se marier au lieu de se pacser.
6. Ils (DIVORCER) .... à cause d'un cas d'infidélité.
7. Ces enfant (SOUFFRIR) .... terriblement de l'absence de leur père.
8. On prévoit que de nombreux jeunes couples (METTRE) .... fin à leur PACS dans les 5 années à venir.

2 Maintenant mettez les verbes de l'exercice 1 au futur proche.

3 Faites des phrases en utilisant les expressions suivantes et le futur.

1. On prévoit que ....
2. Malheureusement ....
3. On se rend compte que ....
4. Selon des statistiques récentes ....
5. Après avoir lu cet article, je sais que ....
6. Les experts prédisent que ....
7. Selon certaines associations ....
8. Compte tenu des pourcentages publiés récemment ....

Exam-style questions

Summary

Lisez cet article sur La Luciole, une association caritative qui lutte contre la toxicomanie.

La Luciole, centre de soutien pour toxicomanes et leurs parents

La Luciole est une association familiale qui a vu le jour au début des années quatre-vingt-dix en Alsace grâce au combat de parents, désemparés, d'enfants toxicomanes. Face au manque total de soutien disponible pour les jeunes toxicomanes et leurs parents, ces parents se sont regroupés et ont formé cet organisme d'entraide. Aujourd'hui, l'association comprend deux centres, un à Paris et un à la campagne, non loin de la capitale.

Depuis sa formation, afin d'aider les jeunes et leurs parents dans leur lutte contre la dépendance, l'association compte principalement sur les dons et sur l'engagement d'une équipe d'accompagnateurs, regroupant de nombreux volontaires et professionnels. Chaque année, grâce à l'argent que l'association reçoit sous forme de dons, de nombreux jeunes peuvent bénéficier d'un soutien et d'un accompagnement qui peut les aider à s'en sortir.

Les actions de cette association sont multiples et variées. Dans son centre à Paris, les organisateurs accueillent toute personne touchée par la toxicomanie, qu'ils soient les usagers de drogues ou jeunes consommateurs. Une équipe d'animateurs et de bénévoles est disponible et fournit un lieu d'écoute et de soutien. Le centre propose également aux parents dont les enfants souffrent d'addiction des séances gratuites de discussion et de soutien. La Luciole possède aussi un centre à la campagne pour recevoir des jeunes qui ont besoin de s'isoler momentanément et de rompre avec leurs habitudes néfastes afin de pouvoir reconstruire leur vie sans drogues. Cette maison sert aussi de refuge temporaire pour les parents fatigués physiquement et psychologiquement et qui ont besoin de se reposer. L'association se sert aussi de ce centre de calme et de tranquillité pour organiser des évènements de prévention et d'éducation sur les drogues et leur addiction.

Écrivez en **français** et **en phrases complètes** un paragraphe de 90 mots au maximum où vous résumez ce que vous avez compris en suivant ces points :
- ce qui a poussé le groupe de parents à créer cette association [2 marks]
- ce qui permet à l'association d'atteindre ses objectifs [2 marks]
- les formes d'aide dont les toxicomanes peuvent bénéficier [3 marks]

Attention ! Il y a 5 points supplémentaires pour la qualité de votre langue.
Essayez donc d'utiliser vos propres mots autant que possible. [5 marks]

> **EXAM TIP**
> Try to use synonyms to show that you understand the information rather than copying from the passage.

Translation to French

Choisissez dans le premier paragraphe du texte « La Luciole, centre de soutien pour toxicomanes et leurs parents » un mot ou une expression qui a le même sens que les expressions suivantes.

1. est née ....
2. la lutte ....
3. perdus ....
4. l'absence ....
5. possède ....

Maintenant traduisez ce passage en **français**.

> If you consult our website you will find out how La Luciole was born and how long we have been providing help to people affected by drug addiction. In our two centres the help that we offer is very varied and we rely on volunteers and professionals in order to accompany people suffering from addiction and their parents during their battle. With us, they can talk freely and they receive the help they need. In our centre in the countryside, we support those who need to break their bad habits and we also welcome parents who are psychologically and physically affected by their child's addiction. The association also depends on the generosity of people who regularly send us donations that enable us to achieve our goals.

EXAM TIP
Note that translating into the target language is an A-level skill. This section does not appear in the AS exam.

EXAM TIP
Before translating look out for particular structures such as if sentences or 'have been doing'.

COMMON MISTAKE
Think of your word order. Word order is sometimes different in French and in English. Once you have translated your sentence in English make sure that it flows well.

Translation to English

Translate the passage into **English**.

Drogue Info Service
Drogue Info Service est un service d'aide à distance qui fournit depuis quelques années du soutien par téléphone et en ligne en ce qui concerne les drogues et la dépendance. Ce service offre la possibilité à tous ceux touchés de près ou de loin par l'addiction de se confier à quelqu'un en toute confidentialité et anonymement. Les personnes qui font appel à ce service bénéficient de l'expérience d'une équipe de professionnels. Que ce soit en chattant en direct ou en envoyant des messages, les personnes qui ont besoin de soutien, peuvent parler librement.

[10 marks]

Exam-style worked examples

Summary

Lisez le texte suivant sur les grands-parents français du xxie siècle.

Les grands-parents français du xxie siècle

Un rapport récent vient de mettre en évidence des différences bien marquées entre les grands-parents de nos jours en France et ceux des générations précédentes. De plus, à travers le rôle des grands-parents ce rapport indique deux autres phénomènes récents. La structure familiale a bien changé avec un nombre croissant de familles monoparentales et de familles recomposées et le rôle des mères au sein du foyer s'est aussi transformé, ayant des impacts sur le reste de la famille.

Les grands-parents d'aujourd'hui sont bien différents et certains ont toujours une activité professionnelle. De nombreux sont bien sûr à la retraite mais avec l'allongement de la vie, les retraités ne sont plus ce qu'ils étaient auparavant. Qu'ils aient 50, 60 ou 70 ans, les papys et les mamies français du xxie siècle sont bien plus variés que dans les années 50. Ils ne correspondent plus aux stéréotypes traditionnels des grands-mères et des grands-pères.

De plus, en ce début de siècle les pressions sur la famille sont bien plus complexes qu'auparavant et les parents s'attendent à bien plus de la part de leurs parents et la relation entre les grands-parents et petits-enfants a donc évolué. Les grands-parents d'aujourd'hui remplissent plusieurs rôles et pour un grand nombre, celui de la garde d'enfants peut être à temps-plein ! Finis les accueils sporadiques pendant les vacances ou le samedi après-midi, certains grands-parents se voient désormais commencer une nouvelle carrière de garde d'enfants. Il ne faut pas oublier en effet qu'en France 84% des femmes de 25 à 49 ans ont une activité professionnelle, un des taux les plus élevés d'Europe [1], et en considérant le manque de places dans les crèches ou même le cout de la garde d'enfants, il n'est pas étonnant que certaines familles préfèrent compter sur l'aide des grands-parents !

[1] Ministère du travail, de l'emploi, de la formation professionnelle et du dialogue social.

Écrivez en français et en phrases complètes un paragraphe de 90 mots au maximum où vous résumez ce que vous avez compris en suivant ces points :
- les idées principales du rapport selon le premier paragraphe [3 marks]
- ce que le rapport révèle sur les grands-parents des générations précédentes [2 marks]
- les raisons pour lesquelles le rôle des grands-parents a changé [2 marks]

Il y a cinq points supplémentaires pour la qualité de votre langue. Essayez donc d'utiliser vos propres mots autant que possible. [5 marks]

1 Lisez le résumé ci-dessous. Identifiez et soulignez les points suivants et identifiez :

   1 une partie du texte qui a été copiée dans le résumé
   2 trop de détails
   3 trois erreurs de conjugaison
   4 une conjonction qui n'a pas été traduite correctement
   5 une idée principale qui a été oubliée

RÉSUMÉ DE L'ÉTUDIANT

Un rapport récent vient de mettre en évidence des différences bien marquées sur les grands-parents de nos jours et ceux des années cinquante. La famille changé aussi et il y a beaucoup de familles monoparentales et familles recomposées et les enfants vivent dans des familles très variées, comme avec un parent par exemple. Les familles ne sont plus les mêmes de nos jours. Les grands-parents d'avant sont bien différents et les grands-parents du XXIe siècle sont bien plus variés. Le rôle des grands-parents évolué aussi car les pressions sur la famille et la crèche est cher. Aussi les mères travaillont beaucoup et les enfants sont avec les grands-parents.

108 words

Maintenant, écrivez une nouvelle version du résumé.

EXAM TIP

It is important that you do not copy passages from the text as you will be awarded marks for AO3 when you use your own words.

Translation to French

1 Lisez le texte suivant et traduisez le paragraphe ci-dessous en français.

La cybersécurité au Sénégal

Depuis plusieurs années le Sénégal connait de plus en plus de problèmes en ce qui concerne la cybersécurité et a donc pris depuis peu des mesures pour combattre cette tendance inquiétante. Comme dans un grand nombre de pays africains, le Sénégal a vu une explosion du pourcentage de personnes qui ont accès à Internet et qui l'utilisent au quotidien.

Malheureusement, cette augmentation n'est pas sans risques. En effet, les Sénégalais doivent faire face maintenant à une hausse des menaces qu'ils rencontrent sur Internet. Le gouvernement s'inquiète des menaces qui visent la sécurité nationale et de ce fait, il a fait appel a un groupe d'experts pour qu'ils tentent de lutter efficacement contre cette menace grandissante.

In Senegal a group of experts is working to combat cybersecurity issues. For several years now a lot of African countries have known an explosion in the number of people using the internet. Consequently, there has been an increase in the issues linked with the internet. Individual threats and national security are the main problems that Senegal is concerned about. Very soon these experts will be giving effective measures to the African governments to prevent and control risks.

■ EXAM TIP

If you are doing the AS exam only, you will not need to translate into French.

Lisez la traduction ci-dessous et identifiez les erreurs. Soulignez-les et corrigez-les. Dans la traduction il y a :

- deux erreurs de temps
- une erreur de préposition avec un pays
- une erreur avec une expression exprimant la quantité
- une omission d'un pronom relatif et une erreur avec un pronom relatif
- une erreur de verbe — le mauvais verbe a été utilisé
- des articles qui ont été oubliés
- une contraction qui n'a pas été respectée
- un adjectif démonstratif qui n'a pas été traduit
- une erreur avec la terminaison d'un adjectif
- un mot qui n'a pas été traduit correctement

Maintenant améliorez la traduction.

TRADUCTION DE L'ÉTUDIANT

Dans le Sénégal un groupe d'experts est travail pour combatte les problèmes de cybersécurité. Pour plusieurs années beaucoup des pays africains ont connu une explosion dans le nombre de personnes utiliser Internet. Par conséquent, il y a été une augmentation des issues liés avec Internet. Menaces individuelles et sécurité nationale sont les problèmes principaux que le Sénégal s'inquiète. Les experts seront donner des mesures efficaces à les gouvernements africains pour empêcher et contrôler les risques.

Translation to English

Le Téléthon

Depuis plus de 30 ans le « Téléthon » sensibilise le public sur les maladies rares en organisant partout en France des évènements pour encourager les gens à faire un don. Le « Téléthon » est l'évènement solidaire qui rassemble le plus de Français pour lutter contre ces maladies mais aussi contre la méconnaissance. Cette grande cause ne pourrait pas exister sans l'engagement de plus de deux cent mille bénévoles qui organisent des collectes de fonds. Que ce soit une vente de vêtements ou une compétition sportive, ceux qui se portent volontaires n'hésitent pas à s'investir.

Lisez la traduction ci-dessous et identifiez les erreurs. Dans la traduction il y a :
- deux erreurs de temps
- une erreur de traduction d'un adverbe
- trois erreurs de traduction de mots qui ressemblent aux mots anglais
- une erreur de traduction d'un mot
- deux erreurs dans les chiffres
- une erreur dans la traduction d'une expression avec le subjonctif

Maintenant améliorez la traduction.

■ EXAM BOX
Look at the verbs carefully and identify the tenses before translating them.

■ COMMON MISTAKE
Watch out for cognates and near cognates, for instance, here *sensibiliser*.

TRADUCTION DE L'ÉTUDIANT

Since 30 years the 'Téléthon' sensibilises the public against rare illnesses by organising all the time in France events to encourage people to make a donation. The 'Téléthon' is the solitary event that unites more French people in order to fight against these illnesses but also against misunderstanding. This big cause won't exist without the engagement of more than two billion volunteers who organise the collection of funds. It may be a clothes sell or a sports competition, those who volunteer do not hesitate to invest.

Paper 2: Writing (film and literature)

Vocabulary list

Film and books

l'acteur (l'actrice)
l'action (f)
l'auteur(e)
le chapitre
la comédie
le contexte (historique)
la critique
le dénouement
le drame
le film d'amour/historique
le genre
l'intrigue (f)
le lecteur (la lectrice)
le narrateur (la narratrice)
le roman
le scénario
le scénariste
le thème (principal)

Characters

agir
l'antihéros (m)
l'attitude (f)
le comportement
se comporter
changer
ce qui caractérise le personnage, c'est…
ce qui frappe dans ce personnage, c'est…
le défaut
la description physique
l'éducation (f)
entretenir des rapports avec
évoluer
l'évolution (f)
le héros
l'héroïne (f)
incarner
intriguer
jouer un rôle important
le milieu social
le parcours
le passé
le personnage complexe/à plusieurs facettes
le personnage fixe/statique
le personnage (principal/ secondaire)
la personnalité
les proches (m/f)
la qualité
représenter
le rôle (principal)
subir
les traits (m) de caractère

Writer's/director's methods

la bande sonore
l'éclairage (m)
le montage
le mouvement de caméra
le plan
le point de vue
le réalisateur (la réalisatrice)
la scène
le style
les techniques (f) cinématographiques/stylistiques
le (télé)spectateur (la (télé)spectatrice)
tourner un film

Activities

Le personnage principal

1 Considérez le personnage principal de l'œuvre ou des œuvres que vous étudiez et faites un remue-méninges de ce personnage tout au long de l'histoire. Donnez des exemples précis.

	Au début de l'intrigue	Au milieu de l'intrigue	À la fin de l'intrigue
Identité, milieu social et situation familiale			
Description physique			
Personnalité/traits de caractère			
Relations avec d'autres personnages			
Différences avec d'autres personnages			
Buts/désirs/motivations ?			
Autre chose ?			

2 Maintenant, considérez la question suivante :

« Analysez dans quelle mesure le personnage principal change au cours de l'œuvre que vous avez étudiée. »

Pour vous aider à planifier votre dissertation, réfléchissez aux points suivants :
- Votre personnage a-t-il changé tout au long de l'histoire ?
- Comment a-t-il changé ? Physiquement ? Moralement ?
- Pourquoi a-t-il changé ? Pour/à cause de qui/de quoi ?
- A-t-il changé à plusieurs niveaux ? Physiquement et/ou moralement ?
- Est-ce que le personnage est un personnage statique/fixe ? S'il ne change pas, quelles en sont les raisons ?
- Comment est-ce que l'auteur/le réalisateur montre son évolution/sa « fixité » ?
- Comment est-ce que les autres personnages sont affectés par cette évolution/sa « fixité » ?

Pour vous aider aussi, faites une chronologie des évènements et indiquez les réactions et les changements physiques et moraux de votre personnage.

....
....
....
....
....
....
....
....
....
....
....
....
....
....
....
....

3 Faites un plan pour le sujet de dissertation qui suit. Pour votre plan, essayez de regrouper vos idées, ce qui vous aidera à écrire et organiser vos paragraphes.

« Analysez dans quelle mesure le personnage principal change au cours de l'œuvre que vous avez étudiée. »

....
....
....
....
....
....

4 Écrivez l'introduction de cette dissertation. Voici quelques expressions qui peuvent vous aider.

- .... est le personnage principal de............................ .
- Tout au long de l'histoire/à la fin de l'histoire…
- On ne peut pas s'empêcher de constater…
- Le changement de .... est…
- Bien que .... change peu, il faut cependant de pencher sur…
- Analysons donc ce changement/ce personnage.

5 Lisez la dissertation suivante. Puis, écrivez votre propre dissertation en vous inspirant des commentaires.

"No et moi" suit l'évolution de Lou, une jeune fille âgée de 13 ans possédant **A** un QI très élevé. "No et moi" est une histoire d'apprentissage **B** puisque **A** tout au long de l'histoire **B** Lou va changer de plusieurs façons **1**. Analysons donc l'évolution de ce personnage. **2**

Tout d'abord **3**, il est intéressant de noter **A 1** que les changements du personnage de Lou sont principalement **1** provoqués par sa rencontre avec No, jeune SDF, qu'elle tente de sauver en l'accueillant chez elle **4**. No et Lou deviennent très complices et c'est cette complicité **A** qui va faire changer Lou. Son attachement **A** pour No va, par exemple, précipiter **A** sa relation avec Lucas **4**. Et c'est cette relation qui va aussi changer **1** l'attitude de Lou envers ses parents, à qui elle ment et contre qui **A** elle se rebelle **4**. Pour No, Lou est donc capable de tout, même des choses qu'elle n'aurait pas oser faire avant **1. 5**

De plus **3**, on remarque que tout au long du roman **B**, Lou évolue dans un univers complexe et elle est confrontée aux sans-abris, à l'amour, à l'amitié, aux problèmes familiaux et l'égoïsme du monde **4**. Vers la fin du roman Lou dit "Avant de rencontrer No, je croyais que la violence était dans les cris… Maintenant je sais que la violence est aussi dans le silence" **4**. Cela souligne bien qu'elle a changé et que sa rencontre avec No lui a fait changer **A** sa perception du monde **1. 5**

Finalement **3**, on se rend compte **A 1** qu'à la fin, Lou a plus confiance en elle et qu'elle n'est plus seule : elle est dans une relation amoureuse avec Lucas et est acceptée par Axelle et Léa **4**. En effet, dès les premiers chapitres **B**, on se rend compte que Lou n'a pas beaucoup d'amis et Lou utilise même des adjectifs comme "asociale et muette" pour se décrire **4**. Lou est donc bien différente au début et à la fin : elle a des amis **1. 5**

Pour conclure **3**, on peut dire que No joue un rôle important dans l'évolution de Lou **1**. On comprend donc mieux **1** la déception profonde de Lou quand No l'abandonne **4**. Bien que Lou soit toujours en train de changer **B 1** à la fin du livre, ses derniers mots soulignent **B** qu'elle a subi **A** de profonds changements, qu'elle a muri **1**: "parmi les questions que je me pose, le sens de la rotation de la langue n'est pas la plus importante" **4**.

1 Critical/analytical response.

2 Concise sentence to start the analysis.

3 This helps shaping the essay and the argument.

4 The example is well chosen and supports the point made in the paragraph.

5 Each paragraph has a clear and central idea.

A Complex language.

B Specific terminology used.

Paper 3: Speaking

Vocabulary list

La famille en voie de changement

l'accoutumance (f)	se droguer	s'inquiéter	se rappeler
la crainte	se faire du souci	se maquiller	réussir
la dépendance	gênant(e)	le petit ami (la petite amie)	le style de vie
les drogues (f)	imiter	les problèmes d'amitié	la vedette

La cyber-société

à l'abri de	le délit	faire attention	menacer
à l'insu de	destructeur (-trice)	se faire passer pour	mettre en garde
abusif (-ive)	dévastateur (-trice)	se faire piéger	se moquer de
avertir	effrayant(e)	le harcèlement	perpétrer
le chantage	empêcher	imprudent(e)	pervers
compromettant(e)	excessif (-ive)	la loi	prévenir
la cyberintimidation	s'exposer	malintentionné(e)	la prévention

Le bénévolat

à l'étranger	échouer	la grande cause	se porter bénévole
l'acte (m) de charité	enrichissant(e)	l'organisme (m)	porter secours à
l'année (f) sabbatique	s'épanouir	la mission humanitaire	le recrutement
le chantier (bénévole/ humanitaire)	être nourri et logé	parvenir à	rendre service
se débrouiller	faire campagne	le pays en voie de développement	le secours
donner de son temps	la formation	la personne âgée	le tiers monde
	se former		travailler sur un chantier

In your Speaking exam you must ask your teacher–examiner two questions arising from the material on the card. You should be comfortable using a variety of question types. Some examples are shown in the list below.

La famille en voie de changement
- Pensez-vous que la société actuelle encourage davantage le concubinage ?
- En quoi est-ce que le rôle des grands-parents est différent de nos jours ?
- Qu'est-ce qui, selon vous, cause le plus de disputes entre les parents et leurs enfants de nos jours ?
- Dans quelle mesure est-ce que les enfants d'aujourd'hui sont les mêmes qu'il y a cinquante ans environ ?

La cyber-société
- En quoi est-ce que la technologie a changé votre vie ?
- Êtes-vous d'accord avec ceux qui disent qu'on ne pourrait plus vivre sans Internet ?
- Quelle est la place des nouvelles technologies dans la vie des jeunes, selon vous ?
- Ne pensez-vous pas que les parents comptent trop sur la technologie pour divertir leurs enfants ?

Le bénévolat
- Est-ce que vous vous êtes déjà porté(e) volontaire ?
- Pensez-vous que le volontariat devrait être obligatoire au lycée ?
- Dans quelle mesure est-ce que peut-on dire que le bénévolat est plus populaire parmi les retraités ?
- Certaines personnes disent qu'on devrait encourager les chômeurs à faire du bénévolat. Qu'en pensez-vous ?

Vocabulary activities

1. **Trouvez un synonyme pour chaque mot ou expressions ci-dessous. Servez-vous de la liste de vocabulaire.**

   1. protégé ....
   2. terrifiant ....
   3. abusif ....
   4. prétendre être ....
   5. dangereux ....
   6. intimider ....
   7. informer, avertir ....
   8. rire ....

2. **Récrivez les phrases en changeant les mots ou expressions soulignés. Servez-vous de la liste de vocabulaire.**

   1. Un jour, j'aimerais bien <u>être volontaire dans un autre pays</u>.

      ....
      ....
      ....

   2. La plupart des personnes qui se sont investies dans un <u>travail humanitaire</u> disent qu'elles <u>ont changé</u>.

      ....
      ....
      ....

   3. Pendant leurs missions, les bénévoles <u>ne paient ni leur nourriture ni leur logement</u>.

      ....
      ....
      ....

   4. <u>L'objectif</u> de cette association est <u>d'aider</u> les plus démunis.

      ....
      ....
      ....

> **STRATEGY**
>
> In order to extend your vocabulary it is important to think of other ways you can express yourself, using either synonyms or paraphrases. This will also add variety to your French.

3. **Trouvez un antonyme pour chaque mot ou expressions ci-dessous. Servez-vous de la liste de vocabulaire.**

   1. réussir ....
   2. exposé ....
   3. gentil ....
   4. bénéfique ....
   5. rassurant ....
   6. permettre ....
   7. se protéger ....
   8. être imprudent ....

Grammar activities

H6, H7 The imperfect and pluperfect tenses

- The imperfect is used to refer to ongoing actions in the past, to actions that were recurrent in the past and actions that used to happen.
- To form the imperfect tense, use the stem of the first person plural in the present tense and add the endings for the imperfect (*-ais*, *-ait*, *-ions*, *-iez*, *-aient*).
- The pluperfect is formed using the form of the auxiliary verb *avoir* or *être* in the imperfect plus a past participle.

1 Complétez les phrases suivantes en conjuguant les verbes entre parenthèses à l'imparfait.

1 Quand je (ÊTRE) .... plus jeune, me parents ne (S'INQUIÉTER) .... pas autant que maintenant.

2 Les grands-parents de mon amie française disent qu'ils ne (SORTIR) .... pas en boite autant que les jeunes de maintenant.

3 Selon une enquête récente, la France des années quatre-vingts ne (COMPTER) .... pas autant de familles monoparentales qu'aujourd'hui.

4 La même enquête suggère qu'il y (AVOIR) .... moins d'ados qui (SE DROGUER) .... avant et apparemment l'augmentation est liée au changement de la structure familiale.

2 Traduisez les phrases suivantes en anglais. Les verbes soulignés sont à l'imparfait.

1 I think that it was easier before to make friends.

....
....
....

2 According to a recent survey, French parents didn't used to worry as much before.

....
....
....

3 I have read in a magazine that lifestyle in France was more relaxed before.

....
....
....

4 I doubt that young girls used to use make-up as much as now.

....
....
....

3 Traduisez les phrases suivantes en français.

1 Before starting at university, these young people had spent their gap year abroad in order to work with this charity.

....
....

2 Before volunteering, this young man had never considered giving up his time.

....
....

3 Before working on this volunteer camp, a lot of young people had worked in local organisations.

....
....

4 I had seen the leaflet of this association before volunteering.

....
....

5 When the young people left for this international mission, they had developed their skills with other missions.

....
....

6 When they started to campaign for this big cause, they had managed to recruit enough volunteers.

....
....

C1.1 Direct and indirect object pronouns

- Object pronouns replace a noun in a sentence.
- In French they go before the verb.
- Direct pronouns are used with verbs that are not followed by a preposition.
- Indirect pronouns are used with verbs that are followed by a preposition.
- When you have more than one pronoun you need to follow a particular order.

1 Récrivez les phrases suivantes en remplaçant les noms soulignés par un pronom d'objet direct ou indirect.

1 Pour être bénévole, je suivrai <u>ma formation</u> à l'étranger.

....
....
....

2 Je pense qu'on devrait forcer les chômeurs à aider <u>les associations caritatives</u>.

....
....
....

3 Tout le monde devrait porter secours <u>aux pays en voie de développement</u>.

....
....
....

4 Nous allons passer <u>notre année sabbatique</u> en tant que bénévoles pour une association.

....
....
....

5 Beaucoup de jeunes français rendent service <u>à des personnes âgées</u> en récoltant des fonds.

....
....
....

6 En se portant volontaire, on aide <u>les personnes qui sont dans le besoin</u>.

....
....
....

2 Traduisez les phrases en anglais et remplacez les mots soulignés par un pronom d'objet direct ou indirect.

1 I would like to help <u>this charity</u>.

....
....
....
....

2 My friend is going to achieve <u>his goal</u> by volunteering.

....
....
....
....
....

3 Everyone should help <u>old people</u>.

....
....
....
....

4 Associations will recruit <u>students in this university</u> for international missions.

....
....
....
....

5 It is important to reduce <u>the number of people in need</u>.

....
....
....
....

6 Charitable association should increase <u>their camps abroad</u> to attract more young people.

....
....
....
....

Exam-style questions

CARTE A	
Theme	Aspects of French-speaking society: current trends
Sub-theme	La famille en voie de changement

Le fossé grandissant entre les générations

Selon une enquête récente, il est de plus en plus évident que les jeunes ne vivent plus le même quotidien que leurs parents à leur âge et cela intensifie les disputes entre les générations. Les jeunes disent que la vie de leurs parents et grands-parents était plus simple.

Questions

- Que dit-on ici au sujet de la famille en changement ?
- Que pensez-vous des informations données ici ?
- Quelle est la situation des jeunes, en France ou ailleurs dans le monde francophone, de nos jours ?

> ■ **EXAM TIP**
>
> Remember to back up your opinions with your knowledge of the social context.

> ■ **STRATEGY**
>
> Learn key phrases that are going to be helpful when summarising the ideas of the text such as *l'idée principale, ici il s'agit de…, ici on parle de…*.

> ■ **EXAM TIP**
>
> When asked to give your opinion, try to give a two-sided answer using *d'une part…d'autre part…* .

	CARTE B
Theme	Aspects of French-speaking society: current trends
Sub-theme	La cyber-société

Attention au vol d'identité !

Le vol d'identité sur Internet est la plus grande menace criminelle pour les années à venir. Ce phénomène est de plus en plus inquiétant et doit être pris très au sérieux. Contrairement à ce qu'on pourrait penser, les jeunes ne sont pas les seuls concernés par ce problème.

Questions

- Que dit-on ici au sujet du vol d'identité ?
- Que pensez-vous des informations données ici ?
- Quelles sont les autres menaces posées par Internet, en France ou ailleurs dans le monde francophone, de nos jours ?

■ EXAM TIP
Remember to use your own words when answering the questions, especially the first one. You need to summarise not read the whole text out.

■ EXAM TIP
Do not give general opinions; you need to support your ideas with examples rooted in the French-speaking world.

■ EXAM TIP
When it says *de nos jours* make sure you talk about current issues. You might then want to develop your answers by comparing now and before, explaining any differences and drawing conclusions.

CARTE C	
Theme	Aspects of French-speaking society: current trends
Sub-theme	Le bénévolat

Les jeunes suisses et le bénévolat

Récemment, en Suisse, pendant un weekend de 3 jours, 25 000 enfants et ados ont participé à l'Action 72 heures et ont contribué à 450 projets d'utilité publique. Toutefois la tendance est à la baisse puisque le bénévolat ne plait plus aux jeunes.

Questions

- Que dit-on ici sur les jeunes suisses ?
- Que pensez-vous des informations données ici ?
- De nos jours, quelle est l'importance du bénévolat en France ou ailleurs dans le monde francophone ?

■ EXAM TIP

Use synonyms and paraphrases when referring to the text, especially in the first question.

■ EXAM TIP

When giving your opinion in the second question, focus on the text. Try to react by saying whether you are surprised (or not), worried etc. and then explain why.

■ STRATEGY

You will need to ask the teacher/examiner questions that are linked to the area of focus of the card, so make sure that you learn key question starters that you can adapt on the day, such as *Que pensez-vous de… ? Êtes-vous d'accord avec…. ? Dans quelle mesure… ?*

■ EXAM TIP

In the third question make sure that you focus first on young people nowadays. You might then want to develop on including some comparisons with before or other groups. If their attitude is negative you might want to offer some suggestions as to how they could be encouraged.

THEME 2

Paper 1: Listening

Vocabulary list

Une culture fière de son patrimoine

l'aménagement (m)
l'architecture (f)
attirer
l'atout (m)
autoriser à
célébrer
le comportement (des touristes)
la construction
les dégâts (m)
les dégradations (f)
les espaces (m)
le Fonds du patrimoine mondial
la gastronomie
l'héritage (m)
hériter
l'identité (f) culturelle
l'injure (f)
l'implantation (f)
intégrer
léguer
le lieu de culte
le mélange
mélanger
les sept merveilles (f) du monde
le paysage
la période
plaire à
la préservation
préserver
la protection
protéger
le quartier
les racines (f)
la renommée
respecter
la restauration
la saveur
le siècle
le site
la tendance
transmettre

La musique francophone contemporaine

à la pointe
s'apparenter à
apprécier
antillais(e)
l'auteur(e)
avoir lieu
la bande originale
la batterie
la carrière
la chaine
le compositeur
la contrebasse
destiner à
l'effet (m) de voix
émettre
en tête de
s'enthousiasmer pour
l'évènement (m)
la fierté
le fond
la francophonie
le genre musical
le gout
le groupe
l'hommage (m)
la mode
le mode de vie
le mouvement
les musiques (f) du monde
natal(e)
la nouvelle vague
les paroles (f)
se produire
promouvoir
le public
le quota
le rythme
la scène
le site d'hébergement de musique
le sondage
le spectateur (la spectatrice)
le style musical
télécharger
le tournant du siècle
varié(e)

Cinéma, le septième art

l'adaptation (f)
l'affiche (f)
la bande-annonce
le chef-d'œuvre
le/la cinéaste
la comédie
la comédie musicale
la critique
le décor
le dessin animé
le dialogue
le divertissement
le documentaire
doublé(e)
l'effet (m) spécial
le gros budget
le gros plan
s'identifier avec
l'innovation (f)
le metteur (la metteuse) en scène
mettre en scène
la mise en scène
le mode d'expression
muet(te)
l'œuvre (m)
le personnage
le polar
le prix
la promotion
le protagoniste
le réalisateur (la réalisatrice)
réaliste
la recette
la récompense
la représentation
représenter
le rôle
la salle
le scénario
le/la scénariste
la science-fiction
sous-titré(e)
le stéréotype
se substituer à
le thème
tourner un film
le triomphe
le trucage
la vedette
en version originale

Vocabulary activities

> **■ STRATEGY**
>
> Words can have several meanings so it is useful to learn them in context. For example:
> - *le site touristique* = tourist attraction
> - *le site historique* = historic site
> - *le site d'hébergement de musique* = online music store
> - *le site Internet/web* = website

1 À l'aide d'un dictionnaire, cherchez les différents sens des mots suivants en anglais et écrivez des exemples.

   a la mode / le mode ....

   ....

   b se produire ....

   ....

   c (le) public ....

   ....

   d sortir ....

   ....

   e le billet ....

   ....

   f le prix ....

   ....

   g la recette ....

   ....

   h tourner ....

   ....

> **■ STRATEGY**
>
> A useful way of remembering words and extending your vocabulary is to think of them as part of a **word family** rather than isolated words. For example:
> - *aménager, l'aménagement, le ménage* = to build, planning, housework
> - *intégrer, l'intégration* = to integrate, integration
> - *permettre à, la permission, le permis* = to allow, permission, permit/licence

2 Trouvez des mots de la même famille que les mots suivants et écrivez leur sens en anglais. Utilisez un dictionnaire si besoin.

   a célèbre ....

   ....

   b télécharger ....

   ....

   c le compositeur ....

   ....

   d varier ....

   ....

   e destiner ....

   ....

   f le décor ....

   ....

   g produire ....

   ....

   h mettre ....

   ....

Grammar activities

H4.4, H4.5, H4.6 Perfect tense (irregular verbs)

Most verbs use *avoir* to form the perfect tense and some verbs have irregular past participles (e.g. *prendre*, *voir*, *mettre*). Some intransitive verbs and all reflexive verbs use *être* instead of *avoir* (e.g. *aller*, *arriver*, *monter*, *s'inscrire*, *s'intégrer*). The past participle then agrees with the subject.

1 Choisissez la forme correcte du verbe.

a Elles n'ont pas **compris** | **comprises** le contenu des chansons.

b Il a **écris** | **écrit** un rapport sur Internet.

c Vous n'avez pas **reconnu** | **reconnus** le problème.

d Les années 60 ont **vus** | **vu** l'arrivée de la musique anglo-américaine.

e Elle s'est **enthousiasmée** | **enthousiasmé** pour la musique bretonne.

f Le groupe s'est **produit** | **produits** à des festivals.

g Nous sommes **sorti** | **sortis** tous les soirs.

h Le rap a **mis** | **mit** fin au style anglo-américain.

2 Complétez les phrases avec la forme correcte du participe passé du verbe entre parenthèses.

a La ville a .... (*prendre*) en charge la restauration des monuments historiques.

b Elle est .... (*rester*) deux jours dans cette jolie ville.

c Les bâtiments modernes se sont bien .... (*intégrer*) dans le paysage.

d On a .... (*inscrire*) la cathédrale au patrimoine mondial.

e Les jeunes se sont .... (*intéresser*) à la gastronomie locale.

f Nous sommes .... (*monter*) tout en haut de la tour.

g Ils ont .... (*pouvoir*) voir des lémuriens et des oiseaux exotiques.

h J'ai .... (*vouloir*) gouter aux plats typiques.

3 Traduisez les phrases en français.

a The Lumière brothers have done a lot for cinema. ....

b Cinema became a popular art. ....

c Members of the audience identified with the characters. ....

d We went to see a masterpiece at the cinema. ....

e I have been influenced by this movement. ....

f The star received an award for her role. ....

g Cinema enjoyed (use *connaitre*) a revival from the 90s. ....

h Cinema concentrated on appearance rather than on real life. ....

J Negatives forms

There is a range of negative expressions using *ne* (e.g. *ne…plus, ne…aucun, ne…jamais*). They go around the verb and *personne* starts the sentence if it is the subject.

1 Complétez les phrases avec une expression négative.

a Il n'y a ………………… (*not one*) inconvénient.

b Les touristes ne viennent ………………… (*no longer*).

c Il n'y a ………………… (*only*) trois ingrédients dans cette recette.

d ………………… (*Nobody*) n'est autorisé à laisser des déchets.

e Je n'ai ………………… (*never*) visité la Bretagne.

f Les jeunes ne s'intéressent ………………… (*not*) au patrimoine.

g Ils n'ont ………………… (*nothing*) visité.

h À mon avis, cette construction ne respecte ………………… (*in no way*) l'environnement.

2 Réécrivez les phrases suivantes à la forme négative en utilisant les expressions ci-dessous et les indications en anglais.

rien	personne
plus	guère
jamais	pas
que	aucunement

a Tout le monde apprécie la musique antillaise (*nobody*). …………………

b La chanson française se concentre sur la langue et les idées (*no longer*). …………………

c La chanteuse rend hommage à une vedette de la chanson (*not*). …………………

d Les musiciens gardent le rythme (*in no way*). …………………

e Il avait toujours chanté (*never*). …………………

f On a tout compris au film (*nothing*). …………………

g J'aime les films en version originale (*only*). …………………

h Ce personnage est réaliste (*hardly*). …………………

3 Traduisez les phrases en français.

a It hardly respects the true heritage of the country. …………………

b I didn't visit anything interesting. …………………

c She never tries (tastes) the local specialities. …………………

d This will not increase the number of tourists. …………………

e The turtles are not in danger anymore. …………………

f I do not know it at all. …………………

g There are only a few modern buildings. …………………

h No one should leave any rubbish. …………………

Exam-style questions

1 Visitez la Bretagne !

Écoutez cet extrait d'un blog sur les vacances en Bretagne. Écrivez les lettres des deux phrases **vraies** dans les cases.

A	La Bretagne est une région urbaine.
B	Nous ne connaissons pas bien la musique celtique.
C	Nous avons assisté à un concert de musique.
D	Les gâteaux bretons sont une spécialité appréciée.
E	Le séjour en Bretagne nous a plu.
F	Le paysage côtier est magnifique.
G	Nous n'avons pas aimé les galettes.

[2 marks]

■ EXAM TIP

You will have control of the audio in the exam so you can pause, rewind etc. However, be careful not to spend too long on one passage as you won't have time to complete the others.

2 Le patrimoine moderne

Écoutez cette discussion entre deux amis, Patrick et Sophie, sur le patrimoine moderne. Pour chaque phrase écrivez **V** (vrai), **F** (faux) ou **ND** (information non-donnée).

1 Marier l'architecture ancienne et le moderne est une chose impossible. [1 mark]

2 Selon Sophie, la Pyramide du Louvre est un exemple de réussite. [1 mark]

3 Sophie a visité le musée du Louvre récemment. [1 mark]

4 Selon Patrick, certains ont été choqués par la pyramide. [1 mark]

5 Certains ont trouvé la construction moche. [1 mark]

6 Le viaduc de Millau a été construit rapidement. [1 mark]

7 Il n'a pas été bien intégré au paysage. [1 mark]

8 Grâce à lui, la circulation a été améliorée. [1 mark]

■ COMMON MISTAKES

In this type of true/false/not mentioned task, at least one or two of the answers may fall into the 'not mentioned' category. These statements contain a fact that is not included in the text. Be careful not to assume something must be true or false based on your opinion or the context of the passage.

COMMON MISTAKES

Make sure you note how many marks are awarded for each question. This will indicate how many pieces of information you need to supply. For example, for a question worth 2 marks you won't get full marks if you just give one piece of information.

3 La musique francophone

Voici un extrait d'un reportage sur la musique francophone qui est tiré d'une station de radio française.

Répondez aux questions en **français**. Essayez de répondre le plus directement possible aux questions et d'écrire des réponses concises. Il n'est pas toujours nécessaire de faire des phrases complètes.

1. Quelle était la situation de la chanson française dans les années 90 ? [1 mark]

   ....

2. Que devaient faire les chaines de radio pour empêcher cela ? [1 mark]

   ....

3. Quelle en a été la conséquence positive pour certains groupes ? [1 mark]

   ....

4. Quelle est l'attitude de la jeunesse française envers les musiques anglo-américaines ? [2 marks]

   ....

   ....

5. Quels sont les deux genres musicaux mentionnés ? [2 marks]

   ....

   ....

6. Que permet la chanson française pour certains chanteurs ? [1 mark]

   ....

4 Les débuts du cinéma

Voici un extrait d'un reportage sur les débuts du cinéma qui est tiré d'une émission de télévision en France. Complétez les phrases suivantes en choisissant un mot dans la liste ci-dessous. **Attention !** Il y a deux mots de trop.

construit	devenu
plu	voulu
découvert	trucages
19e	été

1. Les frères Lumière ont projeté les premiers films au

   .... siècle. [1 mark]

2. Les films ont .... aux spectateurs. [1 mark]

3. Grâce aux frères Lumière, le cinéma est .... un art populaire. [1 mark]

4. Georges Méliès a .... acheter une machine de projection. [1 mark]

5. Il a été un des premiers créateurs de .... au cinéma. [1 mark]

6. Il a .... un studio de cinéma. [1 mark]

5 La musique francophone africaine

Écoutez la conversation entre deux musiciens africains.

Écrivez en **français** et **en phrases complètes** un paragraphe de 70 mots où vous résumez ce que vous avez compris suivant ces points :
- Le choix de la langue par les chanteurs africains [2 marks]
- Les bénéfices des festivals comme celui du Sahel [2 marks]
- Le rôle de la musique en Afrique et l'avenir de la francophonie. [3 marks]

Attention ! Il y a 5 points supplémentaires pour la qualité de votre langue. **Essayez donc d'utiliser vos propres mots autant que possible.** [5 marks]

Paper 1: Reading

Vocabulary list

Une culture fière de son patrimoine

accueillir	la crêpe	la gastronomie	le plat
l'aménagement (m)	la cuisine	grandiose	la province
l'animation (f)	cuisiner	inaugurer	salé(e)
l'apéritif (m)	la dégustation	l'ingrédient (m)	le secteur
attirer	déguster	inscrire	la sensibilisation
l'autorisation (f)	dépenser	interdire	la spécialité
autoriser	le digestif	la jeunesse	sucré(e)
la basilique	l'édifice (m)	laid(e)	la transformation
le bâtiment	l'épice (f)	léguer	transformer
le beignet	épicé(e)	le lien	transmettre
le classement	festif (-ive)	magnifique	la transmission
classer	la galette	mettre en avant	
le clocher	le gastronome	la moutarde	

La musique francophone contemporaine

l'album (m)	enregistrer	permettre de
apprécier	entièrement	publier
l'atelier (m)	essentiellement	le quota
la chanson	le genre	renoncer à
collaborer	interpréter	le renseignement
le contenu	la mixité	se renseigner
constamment	le mot	le slam
créer (des liens)	l'organisateur (l'organisatrice)	télécharger
crier	l'organisation (f)	sauver
dénoncer	organiser	sortir
diffuser	partager	le style
la diffusion	la percussion	urbain(e)
le domaine	le poème	
l'échange (m)	la poésie	
l'émission (f)	le poète	

Cinéma, le septième art

accorder	éviter	le producteur (la productrice)
la bande originale	filmer	la récompense
célèbre	fonder	la renommée
la cérémonie	imposer	le sous-titrage
le cinéaste	inconnu(e)	sous-titré(e)
coller à	le/la lauréat(e)	les sous-titres (m)
décerner	manquer	vendre
se dérouler	le matériel	la version originale
le doublage	médiatisé(e)	la vision
doubler	notamment	
énormément	la notoriété	
en extérieur	parvenir à	

Vocabulary activities

■ **STRATEGY**

Extend your vocabulary with **synonyms** and **antonyms**. Aim to include at least one of each when you speak or write.

For example:
- *classé = inscrit (à l'UNESCO)*
- *léguer = transmettre*
- *grandiose = magnifique*
- *autoriser ≠ interdire*
- *beau/joli ≠ moche/laid*
- *célèbre ≠ inconnu*

1 À l'aide d'un dictionnaire, cherchez un synonyme et un antonyme (si possible) pour les mots suivants et écrivez des exemples.

Mots	Synonyme	Antonyme
prestigieux		
le domaine		
l'extérieur		
propager		
l'effet spécial		
augmenter		
publier		
décéder		

■ **STRATEGY**

Adding a **suffix** to a verb changes it into a noun. Suffixes can be: *-age, -ation, -aison, -ion, -ition, -ution, -ade, -ment*.

For example:
- *passer → le pass**age***
- *autoriser → l'autoris**ation***
- *télécharger → le télécharge**ment***

2 À l'aide de la liste de vocabulaire, ajoutez un suffixe aux verbes ci-dessous pour former un nom de la même famille.

- **a** aménager..
- **b** classer ....
- **c** transformer ....
- **d** diffuser ....
- **e** organiser ....
- **f** renseigner ....
- **g** sous-titrer ....
- **h** doubler ....

Grammar activities

H17 Constructions with the infinitive

There are several ways to use verbs in their infinitive form. They can be linked to another verb by a preposition (e.g. *décider de, encourager à*) or follow a verb directly (e.g. *aller travailler*). Certain adjectives and nouns are also linked to an infinitive by a preposition (e.g. *heureux de, facile à, avoir besoin de*). Also, *pour, sans* and *afin de* link directly to an infinitive and are used frequently.

1 Complétez les phrases avec la bonne préposition, *à* or *de*.

  a François Truffaut décide .... imposer sa vision du monde.

  b Le nouveau matériel permet .... filmer en extérieur.

  c Le cinéaste s'intéresse .... des thèmes qui collent à la réalité.

  d Il parvient .... utiliser des acteurs inconnus.

  e Le cinéma commence .... redevenir populaire dans les années 90.

  f Nous évitons .... voir les films américains.

  g L'actrice a hésité .... accepter le rôle.

  h Dépêche-toi ! On risque .... manquer le début du film.

2 Reliez les deux parties de chaque phrase pour qu'elles aient du sens.

1	Au restaurant, nous allons	a	rapporter de la moutarde de Dijon ?
2	Il faut	b	ajouter ces deux ingrédients.
3	Je préfère	c	déguster ce plat typique quand ils sont en vacances.
4	Tout le monde sait	d	choisir mon dessert.
5	Les touristes veulent	e	manger les plats sucrés que salés.
6	Elle avoue	f	ne pas aimer les plats épicés.
7	Est-ce que tu pourras	g	gouter aux spécialités locales.
8	Laisse-moi	h	cuisiner les beignets ici.

3 Traduisez les phrases en français en utilisant le verbe entre parenthèses.

  a How can we help to save the French song? (*aider*) ....

  b The songs allow to broadcast opinions. (*permettre*) ....

  c *She is not afraid to shock people. (avoir peur)* ....

  d They managed to organise a festival in the desert. (*réussir*) ....

  e I've learned to play the guitar. (*apprendre*) ....

  f He gave up taking music lessons. (*renoncer*) ......

  g We hope to go to the concert next month. (*espérer*) ....

  h They seem to appreciate/enjoy this style of music. (*sembler*) ....

H14 Imperative

The imperative is used to give a command, an order or a request and is only used in the indicative present, but without using the subject. It only has three forms: the second person singular and plural and the first person plural. *Avoir, être* and *savoir* use the present tense subjunctive forms.

1 Traduisez les phrases en anglais.

a Si vous allez à Paris, visitez les jardins du château de Versailles. ....

b N'oubliez pas de prendre une photo de la basilique. ....

c Ne laissons pas de déchets autour de ce site magnifique. ....

d Soyons discrets en nous promenant dans Lourdes. ....

e Ne dépense pas tout ton argent en souvenirs. ....

f Admirez ce clocher magnifique. ....

2 Complétez les phrases avec la bonne forme de l'impératif.

a .... (*faire*) attention à votre quota de chansons françaises.

b Les enfants, ... (*écouter*) bien cette nouvelle chanson.

c Maman, ...-moi (*laisser*) écouter la musique que j'aime.

d Rentrons à la maison et .... (*télécharger*) l'album de cet artiste.

e Nicole, n'........................... (*oublier*) pas d'enregistrer l'émission musicale.

f Ils ne comprendront pas notre message. .... (*chanter*) en français.

g .... (*être*) sympa avec ta sœur, Philippe !

h Si vous ne savez pas, ...-vous ! (*renseigner*)

3 Traduisez les phrases en français.

a Come (*pl*) and watch the latest film by the Lumière brothers! ....

b Let's go to the cinema tonight! ....

c Paul, watch the film in original language. It's much better! ....

d You two, be ready to leave in 5 minutes! ....

e Did you (*pl*) understand this film? Please explain the ending to me! ....

f Let's put the subtitles on! ....

g Elodie, don't eat during the film! ....

h Let's listen to the original soundtrack! ....

Exam-style questions

1 L'importance des repas en France

Lisez cet article sur l'importance des repas en France. L'article a été publié dans un magazine de l'UNESCO.

> Le repas gastronomique des Français est inscrit sur la liste du patrimoine culturel de l'UNESCO. En France, on célèbre les moments les plus importants de la vie, tels que les naissances, les mariages, les anniversaires, les succès et les décès par un repas festif où on mange et on boit copieusement. Le plus important est d'être ensemble et de prendre plaisir à déguster des bons plats. Il est important d'utiliser des produits de qualité achetés localement et de faire attention au mariage des plats et des vins. Un repas typique comprend un apéritif, une entrée, un plat principal de poisson ou de viande accompagné de légumes, du fromage, un dessert et un digestif. On accorde également de l'importance à la décoration de la table. On se considère gastronome si on connait bien et respecte la tradition du repas et si on a la volonté de la préserver et de la transmettre aux jeunes générations. Le repas gastronomique joue le rôle important de renforcer les liens familiaux et sociaux.

Pour chaque phrase écrivez **V** (vrai), **F** (faux) ou **ND** (information non-donnée).

1. Il n'y a que des monuments inscrits au patrimoine de l'UNESCO. [1 mark]
2. En France, on organise des repas festifs pour les anniversaires. [1 mark]
3. Selon le texte, les repas peuvent être légers. [1 mark]
4. On achète des vins de marque. [1 mark]
5. Entre l'apéritif et le digestif, il peut y avoir quatre plats. [1 mark]
6. Généralement, la table n'est pas décorée. [1 mark]
7. Les membres de la famille viennent de loin pour manger ensemble. [1 mark]
8. La préservation et la transmission des traditions sont très importantes. [1 mark]

2 Entretien avec Grand corps malade, slammeur

Lisez cet entretien publié dans un magazine de musique.

Journaliste : Comment avez-vous découvert le slam ?

GCM : Un jour dans un café, j'ai entendu des gens de milieux sociaux divers qui étaient très différents et qui avaient tous en commun d'aimer les textes. Comme des poètes, ils se sont écoutés et ont partagé leurs mots. Ils avaient des styles très différents : certains criaient, d'autres faisaient du rap, d'autres chantaient doucement. J'ai adoré ça !

Journaliste : Pensez-vous que le slam crée des liens entre les gens ?

GCM : Oui, complètement. On remarque une mixité dans cet échange de textes. Certains slameurs ne se rencontreraient pas en dehors de ces rencontres dans les cafés ou dans les ateliers de slam. On y voit des personnes âgées, des jeunes défavorisés, des professeurs ou des chômeurs…

Journaliste : Est-ce que le slam ressemble au rap et au hip hop ?

GCM : Contrairement au rap qui parle beaucoup d'argent, les textes de slam peuvent avoir toutes sortes de styles et de contenu. Le slam est né dans les petits cafés parisiens à la fin des années 90 et les premiers slameurs avaient des difficultés dans leur vie; ils en parlaient dans leurs textes. Le slam s'est vite exporté en banlieue et dans les grandes villes.

Journaliste : De quoi parlez-vous dans vos textes ?

GCM : Je fais de la poésie urbaine; je parle de la difficulté de vivre en banlieue pour certains mais aussi de la richesse culturelle que ça apporte.

Journaliste : Donc pour vous, qu'est-ce que c'est la culture populaire ?

GCM : Pour moi, c'est la culture de mon quartier qui est accessible à tout le monde sans discrimination d'âge, de milieu social ou d'origine. Dans mon troisième album en 2010, je parle plus de ma famille et je collabore avec Charles Aznavour. En 2013, sur mon quatrième album, je fais un duo avec le chanteur Francis Cabrel et finalement, en 2015, j'ai invité dix artistes à interpréter des poèmes sur mon cinquième album.

EXAM TIP

When answering questions in reading comprehensions:
- Read the instructions and questions carefully.
- The questions usually follow the order of the text.
- Look how many marks are available for each question and give the right amount of details in your answer.
- If you are looking for a specific number of true sentences, check you have given that number.

Répondez aux questions en **français**.

1. Quel était le point commun entre ces gens différents qui faisaient du slam dans le café ? [1 mark]

2. En quoi le contenu des paroles de rap et de slam diffère ? [2 marks]

3. Quel est le contenu des textes de Grand corps malade ? [2 marks]

4. Comment définit-il la culture populaire ? [2 marks]

5. Qu'est-ce qui est différent sur ses deux derniers albums ? [3 marks]

3 Le festival de Cannes

Lisez cet article au sujet du festival de Cannes paru dans un journal national.

> Le festival de Cannes a été fondé en 1946 et s'est d'abord appelé le Festival international du film. Il se déroule chaque année à Cannes dans le sud de la France pendant deux semaines en mai. Il est le festival de cinéma le plus médiatisé au monde notamment pendant la cérémonie d'ouverture et la montée des 24 marches sur le tapis rouge. Le festival accueille chaque année des milliers de journalistes, des cinéastes, des vedettes et des producteurs.
>
> Les projections de films ont lieu au palais des festivals sur la célèbre promenade de la Croisette. Il y a des récompenses pour le meilleur film, le meilleur réalisateur, le meilleur acteur et la meilleure actrice, entre autres. La récompense suprême de la Palme d'or décernée au meilleur film est apparue dans les années cinquante avec le symbole de la palme qui fait référence aux palmiers de la Croisette.
>
> Le président du jury doit être une personnalité de renommée mondiale avec une excellente connaissance du cinéma.
>
> Le cinéma français n'est pas privilégié par le festival et les lauréats français de la Palme d'or sont rares : Claude Lelouch en 1966, Maurice Pialat en 1987 et Laurent Cantet en 2008.
>
> Le festival a acquis une notoriété fondée sur l'équilibre entre la qualité artistique des films et leur impact commercial. De nombreuses célébrités du cinéma mondial souhaitent assister à la montée des marches pour se créer une image de marque auprès des médias.
>
> Finalement, le festival a un impact local sur la ville de Cannes qui voit sa population tripler et le chiffre d'affaires des commerces, hôtels et restaurants augmenter énormément pendant les deux semaines.

STRATEGY

Practise reading challenging texts throughout your course. Don't panic as you approach these, start by looking at the title and layout of the text and aim to get the gist of each paragraph. Highlight any unfamiliar words or expressions, then try to work them out from the context.

1 Choisissez dans le texte un mot ou une expression qui a le même sens que les expressions suivantes (les expressions sont dans l'ordre du texte) :

1 créé ....

[1 mark]

2 a lieu ....

[1 mark]

3 particulièrement ....

[1 mark]

4 accordée ....

[1 mark]

5 veulent ....

[1 mark]

6 beaucoup ....

[1 mark]

2 Écrivez les lettres des quatre phrases **vraies** dans les cases.

A	Le festival de Cannes a lieu tous les ans au mois de mai.
B	Il est surtout connu en Europe.
C	Il attire principalement des acteurs de cinéma.
D	La meilleure récompense a la forme d'une feuille de palmier.
E	Le président du jury doit être connu mondialement.
F	Beaucoup de réalisateurs français ont reçu la palme d'or.
G	Beaucoup de vedettes du cinéma souhaitent assister au festival.
H	La ville de Cannes souffre de l'impact du festival.

[4 marks]

4 Les journées du patrimoine

Lisez cet article provenant d'un site web sur les journées du patrimoine en France.

Chaque année à la fin septembre, la France ouvre les portes de son patrimoine afin de permettre au public de découvrir de nombreux édifices et monuments qui sont rarement ouverts au public ou des musées dont l'accès est exceptionnellement gratuit. Ces manifestations ont été créées en 1984 par le ministère de la Culture français.

Les monuments les plus visités sont ceux de la capitale et particulièrement les lieux du gouvernement tels que le palais de l'Élysée, et les sites scientifiques et industriels.

En province, le public peut découvrir le patrimoine culturel, industriel, architectural et historique des communes et de plus en plus de propriétaires privés ouvrent leurs portes pour présenter leur patrimoine.

Depuis 1995, un thème général est proposé pour mettre en avant un aspect du patrimoine (les métiers, la littérature, les sciences etc.). En 2017, le thème est celui de la jeunesse et de la sensibilisation du jeune public au patrimoine ou à l'histoire de l'art. Le but est de mieux comprendre la société dans laquelle nous vivons. Plus de 17 000 monuments seront ouverts au public et plus de 26 000 animations autour de la jeunesse et du patrimoine seront proposées.

Un exemple de bâtiment intéressant à Paris est le grand Rex, le plus grand cinéma d'Europe inauguré en 1932 et conçu sur le modèle du Radio City Music Hall de New York. La salle de cinéma peut accueillir plus de 5 000 spectateurs sur une superficie de 2 000 m².

Choisissez le bon mot ou la bonne expression pour compléter les phrases.

gouvernement	sensibiliser
propriétaires	inviter
visiter	salle de théâtre
jardins	salle de cinéma
thème	admirer

1 Les journées du patrimoine permettent au public de .... des lieux et monuments rarement ouverts ou habituellement payants. [1 mark]

2 À Paris, les lieux du .... ont le plus de succès. [1 mark]

3 En province, certains .... privés accueillent le public. [1 mark]

4 Le .... de cette année est celui de la jeunesse. [1 mark]

5 Le but est de .... les jeunes au patrimoine. [1 mark]

6 Le grand Rex est une .... pouvant accueillir 5 000 spectateurs. [1 mark]

■ EXAM TIP

If you are struggling to work out which word goes where, look at the grammar as well as thinking about the meaning — does the word need to be singular, plural, feminine, an infinitive?

Paper 1: Writing (translation and summaries)

Vocabulary list

Une culture fière de son patrimoine

le bâtiment	la création	la juxtaposition	restaurer
cacher	créer	la location	le siècle
la caractéristique	critiquer	lumineux (-euse)	susciter
charger	dater	le monument	transmettre
classique	durer	l'œuvre (f)	les travaux (m)
commander	l'effet (m)	le pèlerin	le verre
la construction	fréquenter	la polémique	le visiteur
construire	la hauteur	protéger	
le contraste	l'historien(ne)	réaliser	
la controverse	inscrire	la restauration	

La musique francophone contemporaine

à la mode	désigner	la gestuelle	la période
la carrière	diffuser	grave	le phrasé
célèbre	la diffusion	imposer	la poésie
la chanson	disparaitre	influencer	le point de vue
le chanteur (la chanteuse)	la disparition	l'interprétation (f)	le quota
se concentrer (sur)	élargir	l'interprète (m/f)	le succès
contemporain(e)	émerger	la mélodie	le sujet
le contenu	l'époque (f)	menacer	télécharger
le cynisme	évoquer	le mouvement	le thème
dansant(e)	exprimer	la musique africaine	la variété
devenir	le festival	la musique classique	

Cinéma, le septième art

l'acteur (l'actrice)	le dialogue	la Nouvelle Vague	le réalisateur (la réalisatrice)
admirer	les effets spéciaux (m)	prélever	reverser
l'aide financière (f)	efficace	procurer	la science-fiction
apparaitre	en extérieur	le producteur (la productrice)	les sous-titres (m)
l'artiste (m/f)	filmer	la production	soutenir
l'auteur(e)	le génie	produire	en version originale
le billet d'entrée	le grand écran	projeter	la volonté
le chef-d'œuvre	inconnu(e)	la puissance	
le/la cinéaste	menacer		

Vocabulary activities

1 À l'aide d'un dictionnaire, cherchez le sens des mots suivants.

   a commander ....

   b contrôler..

   c éventuellement ....

   d lecture ....

   e sensible ....

2 Traduisez les phrases en français. Attention aux faux amis !

   a Ils ont réalisé les travaux. ....

   ....

   ....

   b La situation est indiquée ici. ....

   ....

   ....

   c J'ai dormi toute la journée. ....

   ....

   ....

   d Ils nous ont demandé de respecter l'environnement. ....

   ....

   ....

   ....

   e Elle n'a pas eu l'occasion de visiter Lourdes. ....

   ....

   ....

   ....

3 Trouvez des mots de la même famille que les mots suivants et écrivez leur sens en anglais. Utilisez un dictionnaire, si besoin.

   a fréquenter ....

   ....

   b créer ....

   ....

   c travailler ....

   ....

   d projeter ....

   ....

   e réaliser ....

   ....

   f volonté ....

   ....

> **STRATEGY**
>
> Beware of **faux amis** (false friends), words that appear to be the same in French and English but have a different meaning.
>
> For example:
> - *actuellement* = currently, at the moment
> - *assister à* = to attend

Grammar activities

H10 Past historic tense

The past historic is the literary equivalent to the perfect tense and is only used in novels, short stories and sometimes journalism. At this stage, it only needs to be recognised (meaning of verbs) and doesn't need to be used when speaking or writing. Regular verbs fall into three types and *avoir* and *être* have their own pattern.

1 Notez la forme infinitive du verbe dans chaque phrase.

a Le roi Louis XIV chargea André Le Nôtre de la création des jardins de Versailles. ....

b Les travaux durèrent 40 ans. ....

c Nous visitâmes Lourdes dans les années 70. ....

d Le Mont Saint-Michel fut inscrit au patrimoine mondial de l'UNESCO en 1979. ....

e Au XIIe siècle, on construisit beaucoup de monuments historiques. ....

f Il y eut des gens choqués par la construction de ce bâtiment moderne. ....

2 Mettez les verbes de chaque phrase au passé composé.

a La chanson française fut menacée de disparition. ....

b Les jeunes Français téléchargèrent la musique à la mode. ....

c Le ministre imposa un quota de chansons francophones. ....

d Les années 60 virent l'arrivée de la musique anglo-américaine. ....

e Il y eut également une révolution musicale en Afrique. ....

3 Traduisez les phrases en anglais.

a Beaucoup d'artistes africains devinrent célèbres en chantant en français. ....

b Ils purent faire connaître l'Afrique. ....

c Les médias internationaux diffusèrent leurs chansons. ....

d Le festival du Sahel eut lieu dans le Sahara. ....

e Ce fut un grand succès. ....

H6 Imperfect tense

The imperfect tense is used to describe a past situation, habit or a repetition in the past (*When I was…, I used to…, It was…*). Every verb, except *être*, forms the imperfect from the stem of the first person plural of the present tense (e.g. *j'aimais, il finissait, nous avions, ils étaient*).

1 Mettez les verbes à l'imparfait.

a Georges Méliès .... (*être*) un génie.

b Il .... (*utiliser*) beaucoup d'effets spéciaux.

c Avant 1929, les films n'............................ (*avoir*) pas de dialogues.

d Dans les années 50, le cinéaste .... (*vouloir*) devenir auteur.

e Quand nous .... (*être*) petits, nous .... (*aller*) au cinéma deux fois par mois.

2 Choisissez un verbe de la liste et mettez-le à l'imparfait pour compléter les phrases.

> penser   avoir
> aimer   pouvoir
> être   préférer

a Le film qu'on a vu hier soir .... en version originale.

b Il y .... beaucoup d'effets spéciaux.

c Ces réalisateurs .... filmer en extérieur.

d Quand j'avais 5 ans, je ne .... pas lire les sous-titres.

e Avant tu n'............................ pas les films de science-fiction.

f Nous ne .... pas trouver ce film intéressant.

3 Traduisez les phrases en anglais.

a La loi imposait un quota de 40% de chansons francophones. ....

b Il fallait respecter le quota en France. ....

c Les jeunes préféraient les musiques anglo-américaines. ....

d Ils ne comprenaient pas le contenu des chansons. ....

e Nous préférions le rap à la musique classique. ....

f J'adorais écouter la musique africaine. ....

Exam-style questions

Summary

La pyramide du Louvre, projet controversé

Lisez cet article publié sur la page web du Louvre.

> Commandée par le président de la République François Mitterrand en 1983, la pyramide fut conçue par l'architecte Ieoh Ming Pei et construite en métal et verre (603 losanges et 70 triangles). L'idée d'une pyramide datait du XIXe siècle quand un projet fut proposé pour les célébrations du centenaire de la Révolution française. Le but de l'architecte en 1983 fut de construire un grand hall d'entrée lumineux avec une forme contrastant avec les bâtiments autour. La pyramide fut donc construite entre 1985 et 1989.
>
> Dès son annonce officielle, le projet du nouveau Louvre fit scandale et la photo de la pyramide suscita une grande polémique. Les adversaires du projet furent des historiens, des membres de la Commission nationale des monuments historiques, des journalistes, des hommes politiques… Certains critiquèrent son style futuriste, ressemblant à un objet de « Disneyland », hors du contexte classique du Louvre et cachant le bâtiment d'origine. Le président de la République reçut le surnom de « Mitteramsès » et fut critiqué.
>
> Cependant, beaucoup de gens apprécièrent la juxtaposition contrastée des styles architecturaux et la fusion du classique avec le contemporain. La « grande pyramide », mesurant 21 mètres de hauteur, fut entourée de trois plus petites, constituant des puits de lumière, et d'une cinquième pyramide inversée.
>
> Bien que la pyramide du Louvre suscita une grande controverse, elle devint la troisième œuvre du Louvre la plus appréciée après La Joconde et la Vénus de Milo. Elle est l'un des lieux les plus fréquentés de Paris et le nombre de visiteurs annuels au musée du Louvre a beaucoup augmenté.

■ EXAM TIP

Remember the following when writing a summary:
- Make sure you understand the main points of the text.
- Look carefully at the number of marks for each bullet point and find the relevant number of details in the text.
- Write in full sentences and use your own words.
- Check your work carefully when you have finished, especially verb and adjective agreements.

Écrivez en **français** et **en phrases complètes** un paragraphe de 70 mots au maximum où vous résumez ce que vous avez compris suivant ces points :
- le projet et la construction de la pyramide (trois détails) **[3 marks]**
- la controverse, les deux opinions opposées (deux détails) **[2 marks]**
- la popularité du site (deux détails) **[2 marks]**

Attention ! Il y a 5 points supplémentaires pour la qualité de votre langue. **Essayez donc d'utiliser vos propres mots autant que possible.** **[5 marks]**

Translation into French

La pyramide du Louvre

Relisez le texte sur la pyramide du Louvre et traduisez ce passage en **français**.

> The President of the Republic ordered the construction of the Pyramid in the 1980s and it was made of metal and glass, measuring 21 metres high. The aim was to have a bright entrance hall. The project caused a controversy: certain people criticised its modern style whereas others appreciated the contrast between the classical and the contemporary styles. Despite that, it is a very popular site and, each year, more and more tourists come to the Louvre museum to see the Mona Lisa, the Venus de Milo and the Pyramid, the three most appreciated masterpieces.

[10 marks]

EXAM TIP

Think about the following when translating into French:
- You only need to translate into French in the A-level exam.
- Translate the *meaning* of a phrase or sentence, not necessarily word for word.
- Refer to the complete text (*La pyramide du Louvre*) for useful phrases and vocabulary.
- Check you have used the correct tense for verbs and check also for any spelling mistakes.

EXAM TIP

Remember the following advice when translating into English:
- Avoid translating word for word, especially set phrases and idioms.
- Check you understand the context to be able to work out how best to translate a word or expression.
- Look at the verbs carefully and identify the tenses before you translate them.
- Check your final work to make sure what you have written reads well.

Translation into English

Le mouvement yé-yé

Read this passage from a French music magazine.

Translate the passage into **English**.

> Le mouvement musical yé-yé a émergé en France au début des années 60 et désignait une chanson française adaptée d'un succès rock anglo-américain. L'expression décrivait le style, la période, le public et les interprètes. Le nom venait de « yeah » qui était souvent répété dans les chansons rock anglaises de l'époque. La qualité de ces chansons ne comptait pas mais on parle d'âge d'or de la variété française à cause du très grand succès des artistes yé-yé. À la fin des années 60, les jeunes sont devenus moins intéressés par ce mouvement essentiellement français en découvrant les artistes anglais et américains.

[10 marks]

Exam-style worked examples

Summary

Lisez cet extrait d'un blog sur la culture francophone.

L'exception culturelle française

Cette exception est assez unique dans le monde et remonte à la création du ministère de la Culture par André Malraux en 1959. Elle concerne le cinéma, la radio, la télévision ou le théâtre et a été aussi bien critiquée qu'admirée. C'est un concept et une volonté politique.

Au cinéma, on veut aider les films d'auteurs, soutenir la création et donner leur chance à des artistes inconnus. L'État procure une aide financière aux films français dans le but de protéger l'industrie du cinéma français, menacée par la puissance des grandes productions américaines. Pour faire face au géant américain, on montre en priorité des films français dans les salles de cinéma. Une taxe prélevée sur chaque billet d'entrée est reversée aux producteurs de films français.

Les radios françaises doivent diffuser au moins 40 % de chansons françaises dont la moitié de nouveaux talents. Les chaines de télévision doivent diffuser des œuvres européennes dont 40 % doivent être en langue française.

Le but est de maintenir la culture française et de promouvoir la francophonie. Certains y voient une certaine prétention et un comportement protectionniste mais des spécialistes de l'histoire du cinéma ont jugé cette exception culturelle qui a permis de produire des chefs-d'œuvre efficace.

Écrivez en français et en phrases complètes un paragraphe de 70 mots au maximum où vous résumez ce que vous avez compris suivant ces points :

- Les idées principales de cette exception selon le premier et dernier paragraphe [3 marks]
- Les moyens d'aider le cinéma français financièrement [2 marks]
- Les obligations des radios et chaines de télévision [2 marks]

Attention ! Il y a 5 points supplémentaires pour la qualité de votre langue. **Essayez donc d'utiliser vos propres mots autant que possible.** [5 marks]

1 On a demandé à un étudiant de répondre à cette question. Lisez son résumé ci-dessous. Identifiez et soulignez les points suivants :

  1 une partie du texte qui a été copiée dans le résumé
  2 trois erreurs de conjugaison ou d'accord
  3 une idée principale qui a été oubliée

> **RÉSUMÉ DE L'ÉTUDIANT**
>
> L'exception culturelle française remonte à la création du ministère de la Culture par André Malraux en 1959. Elle concerne le cinéma, la radio, la télévision ou le théâtre. Elle veut protéger le cinéma et faire connaitre la langue français. Le cinéma est aidé en montrant en priorité des films français et une partie du prix du billet donné aux producteurs français. À la radio, on doit entendre 40 % de chansons français.
>
> 72 words

■ EXAM TIP

Make sure you cover all the bullet points in the summary question. If you do not cover them all, you won't be able to get full marks.

2 Maintenant écrivez une nouvelle version du résumé.

> ### ■ COMMON MISTAKES
> It is important that you don't just copy passages from the text as you will be awarded up to 5 extra marks for using your own words.

Translation into French

Topic: French cinema

Since the eighties, French cinema has received some financial help and a proportion of the price of each admission ticket is put back into producing, writing or broadcasting French works. The aim of this cultural exception is to protect French cinema from the big American production companies. Even if it may seem pretentious, this concept has helped produce masterpieces. The exception also concerns television and radio which must broadcast a quota of French works. It is very important to promote French culture and language.

EXAM TIP
- Check you have the correct word order in sentences with adjectives and adverbs.
- Don't forget articles.
- Check the infinitive constructions: did you include *à* or *de*?

1 On a demandé à un étudiant de traduire ce texte en français après avoir relu le texte sur l'exception culturelle. Lisez la traduction ci-dessous et identifiez les erreurs. Soulignez-les et corrigez-les.
- une erreur de temps
- deux articles ont été oubliés
- un adjectif a une majuscule et n'est pas accordé
- un mot a été oublié
- une préposition a été oubliée entre deux verbes
- deux mots n'ont pas été traduits correctement
- un pronom démonstratif est incorrect
- trois verbes devraient être des noms

EXAM TIP
Read the stimulus material very carefully before translating into French. It contains lots of vocabulary you will need, as well as help with word order and grammar points.

> **TRADUCTION DE L'ÉTUDIANT**
>
> Depuis les quatre-vingts, cinéma français a reçu de l'aide financière et une proportion du prix de chaque billet d'admission est reversée dans produire, écrire et diffuser des travaux français. Le but de cet exception culturelle est de protéger cinéma français des grosses compagnies de production Américain. Même s'il peut paraitre prétentieux, ce concept a aidé produire des chefs-d'œuvre. L'exception concerne aussi la télévision et la radio qui doivent diffuser un quota de travaux français. Il est très important de promouvoir la culture et le langage français.

COMMON MISTAKES
Make sure you don't fall into the trap of translating every word individually without considering the whole sentence in the target language. Read over your translation after you've finished and see if it reads well as a piece of French writing.

2 Maintenant, améliorez la traduction.

Translation into English

> ■ **COMMON MISTAKES**
> - You don't always need articles in English.
> - Be careful with false friends.
> - Nationalities need initial capitals in English.
> - Word order is different in English.

Stromae, musicien, chanteur et rappeur

Le chanteur Stromae est né en Belgique en 1985 et il a commencé sa carrière dans le monde du rap en 2000. Sa musique est influencée par la musique électronique, le hip-hop et la musique congolaise.

Dans ses deux premiers albums, il a abordé des sujets graves et contemporains sur des mélodies dansantes. Son album de 2013 *Racine carrée* a eu un énorme succès et évoque des thèmes tels que les réseaux sociaux, l'absence d'un père, le cancer, les problèmes de couples et l'austérité, entre autres.

L'interprétation du chanteur a été comparée à celle du grand chanteur belge Jacques Brel pour sa gestuelle et son phrasé.

3 **On a demandé à un étudiant de traduire ce texte en anglais. Lisez la traduction ci-dessous et identifiez les erreurs.**
- une erreur de temps
- deux erreurs de pronoms possessifs
- trois articles en trop
- une erreur d'ordre des mots
- deux erreurs de traduction de mots (faux amis)
- deux erreurs de traduction d'une expression
- une erreur de traduction d'une préposition
- une majuscule a été oubliée (nationalité)

TRADUCTION DE L'ÉTUDIANT

Stromae, musician, singer and rapper

The singer Stromae is born in Belgium in 1985 and he started his career in the world of rap in 2000. Her music is influenced by the electronic music, the hip-hop and the Congolese music. In his two first albums, he tackled grave and contemporary subjects on melodies to dance to. His 2013 album 'Racine carrée' ('Square root') had enormous success and mentions themes such as social medias, a father's absence, the problems of couples and austerity between others. The interpretation of the singer has been compared to that of the big belgian singer Jacques Brel for her gesture and his phrasing.

> ■ **STRATEGY**
> Reading quality literature in English will help you to increase your vocabulary and write with more flair, which is especially useful for your translations.

4 Maintenant, améliorez la traduction.

Paper 2: Writing (film and literature)

Vocabulary list

Introduction
Le film parle de…
Dans cette dissertation, j'ai l'intention de…
En premier lieu / Tout d'abord…
Il faut considérer…
Le lecteur se pose la question de…
Ce livre est une critique de…
Ce qui saute aux yeux, c'est…
L'intrigue présente toutes les caractéristiques de…

Opinion
Je suis d'avis que…
À mon avis,…
Selon moi, / Pour ma part,…
D'après moi / Pour ma part…
Je suis convaincu(e) que…
J'ai apprécié / bien aimé…
Ce qui m'a plu c'est…

Writer's / Director's methods
L'auteur / Le réalisateur a voulu produire l'effet de…
Cette description nous indique que…
Son utilisation de gros plans / flash-backs…
Les effets cinématographiques sont très réussis.
Le rythme du film est lent / rapide.
Le choix de la musique illustre…

Context
La bande originale contribue au succès du film.
La mise en scène capture l'ambiance de l'époque.
Le film se passe / est tourné à / dans…
L'histoire se déroule / a lieu…
Le contexte historique dans lequel se passe l'histoire…
L'histoire se passe au …e siècle / pendant la guerre / à l'époque de…
Le film / Le livre dépeint la vie dans…
La manière dont l'histoire est décrite est…
L'aspect historique du film m'a intéressé.
Ça nous donne une idée de la société au temps de… / à l'époque.

Characters
Les acteurs ont l'air véridique.
Le personnage (principal) symbolise / éprouve…
Ce trait de caractère souligne…
Les personnages principaux sont…

Conclusion
Le dénouement du film / de l'histoire…
Nul ne peut nier / douter que…
Dans l'ensemble,…
En général,…
Au fond, / En fait,…
Finalement, on pourrait dire que…
En conclusion, / En guise de conclusion,…
Pour conclure,…
En résumé,…
Il apparait donc que…
Pour résumer on pourrait dire que…
À la fin du film…
J'ai l'impression que…

Theme analysis

When studying a book or a film, several themes will be available to study and analyse. It is useful to create a mind map for each theme to help you plan your essay more effectively. This is an example for the theme of **friendship** in *No et moi* by Delphine de Vigan.

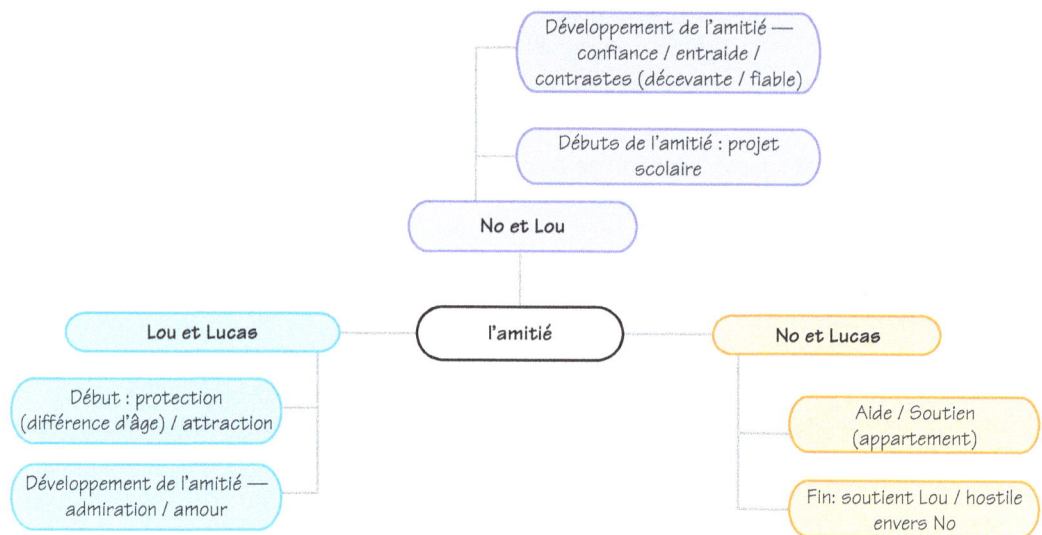

1. Créez un schéma similaire sur le thème de **l'amitié** entre les personnages de votre roman ou film.

2 Regardez cette question de rédaction similaire à une question de l'examen (elle sera spécifique à l'œuvre étudiée).

Analysez comment le thème de l'amitié est exploré par l'auteur.

Vous pouvez utiliser les points suivants :
- Le début et le développement de l'amitié entre les différents personnages.
- Les contrastes entre la valeur / les attentes de l'amitié selon les personnages.
- L'influence d'un personnage sur l'amitié entre deux autres.

■ STRATEGY
When thinking about a theme like friendship, you may find it easier to focus on the main characters of the book and how they interact. How does their relationship evolve from the beginning of the story to the end? Do they have specific roles in the story?

■ EXAM TIP
Don't forget to read the question carefully and to use the bullet points to structure your essay. Try and add as much detail as possible to your plan before starting to write the essay. Aim to cover all three bullets equally.

3 Maintenant créez un plan montrant comment vous répondrez à cette question en rapport avec l'œuvre que vous étudiez.

Voici un exemple de plan pour la rédaction sur *No et moi* :

- Rencontre entre No et Lou à la gare. Début de l'amitié (distance mais attraction). Très différentes mais seules toutes les deux. Évolution progressive : elles deviennent proches et complices.

  Lou est attirée par Lucas qui est aussi très différent d'elle, développement de l'amour.

- Valeur de l'amitié pour No : sécurité, logement, argent. Pour Lou : fort attachement (comme une sœur). Ont besoin l'une de l'autre pour des raisons différentes. Grosse déception quand No disparait à la fin. Lucas a besoin de l'amitié des filles car il est seul, isolé. Protège Lou qui est plus jeune, déçu par No.

- Aider No et s'occuper d'elle permet le rapprochement et l'aboutissement de la relation entre Lou et Lucas. Développement de la relation amitié — amour. Déçus par No, renforcement des liens entre Lou et Lucas.

4 Écrivez une introduction à cette rédaction. Utilisez les phrases suivantes :

> Le roman parle de l'amitié improbable entre…
> En premier lieu, il faut considérer le personnage de… et son rapport avec…
> En deuxième lieu, il faut analyser…
> Finalement, je parlerai de…

Voici un exemple d'introduction sur ce thème :

> Le roman « No et moi », écrit par Delphine de Vigan, parle de l'amitié improbable entre deux filles de milieux très différents. L'amitié est un des thèmes importants explorés par l'auteur. En premier lieu, il faut considérer le personnage de Lou et son rapport avec No, mais aussi le développement de la relation Lou-Lucas. En deuxième lieu, il faut analyser le contraste entre les attentes de l'amitié selon les personnages. Finalement, je parlerai de l'influence de No sur la relation entre Lou et Lucas.

This introduction states the book studied and its author, identifies the theme to be analysed and outlines the main three areas from the bullet points giving a clear plan for the essay. It doesn't however go into details. The phrases *en premier lieu, en deuxième lieu* and *finalement* before each of the main points of the essay give the reader a clear idea of its structure.

5 Maintenant, écrivez une introduction pour l'œuvre que vous étudiez.

………………………………………………………………………………………………………
………………………………………………………………………………………………………
………………………………………………………………………………………………………
………………………………………………………………………………………………………
………………………………………………………………………………………………………
………………………………………………………………………………………………………
………………………………………………………………………………………………………
………………………………………………………………………………………………………
………………………………………………………………………………………………………
………………………………………………………………………………………………………
………………………………………………………………………………………………………
………………………………………………………………………………………………………
………………………………………………………………………………………………………
………………………………………………………………………………………………………
………………………………………………………………………………………………………
………………………………………………………………………………………………………
………………………………………………………………………………………………………
………………………………………………………………………………………………………

Paper 3: Speaking

Vocabulary list

Une culture fière de son patrimoine

abimer	l'espèce (f)	préserver
l'argent (m)	gouter	sauvegarder
craindre (que)	méconnaitre	le site
croire	le miracle	
détériorer	le patrimoine	

La musique francophone contemporaine

la carrière	s'engager à	prédominant(e)
le concours	le groupe	le talent
la découverte	homogène	uniforme
découvrir	imposer	varié(e)
diversifié(e)	les paroles (f)	la vedette

Cinéma, le septième art

à l'affiche	dominant(e)	la récompense
le bouche à oreille	dominer	récompenser
le césar	favoriser	rentabiliser
décorer	gratifier	rentable
décourager	le jury	la séance
diffuser	la place	le soutien (financier)
la diffusion	promouvoir	le spectateur (la spectatrice)

In your Speaking exam you must ask your teacher-examiner two questions arising from the material on the card. You should be comfortable using a variety of question types. Some examples are shown in the list below.

Une culture fière de son patrimoine
- Avez-vous déjà visité un site culturel en France ?
- Aimez-vous visiter des musées ou des monuments quand vous visitez un pays ?
- À votre avis, est-ce que nous attachons la même importance au patrimoine culturel que les Français ?
- Quelle est l'importance du tourisme sur l'économie locale, régionale ou nationale ?

La musique francophone contemporaine
- À votre avis, est-ce que la musique francophone est riche et variée ?
- Pourquoi est-ce que la musique francophone n'est pas aussi prédominante que la musique anglophone ?
- Êtes-vous en faveur des concours de musique à la radio ou à la télé ?

Cinéma, le septième art
- Y a-t-il un film français que vous aimez particulièrement ?
- Quel genre de films aimez-vous le mieux ?
- Que pensez-vous du rôle du cinéma pour promouvoir la francophonie ?
- Comparez le cinéma français avec un autre cinéma. Y a-t-il des différences de style ou de techniques ?

Vocabulary activities

> **STRATEGY**
>
> Extend your vocabulary with **synonyms** and **antonyms**. Aim to include at least one of each when you speak or write. For example:
>
> - classé = inscrit (à l'UNESCO)
> - léguer = transmettre
> - grandiose = magnifique
> - autoriser ≠ interdire
> - beau/joli ≠ moche/laid
> - célèbre ≠ inconnu

1 À l'aide d'un dictionnaire, cherchez un synonyme et un antonyme pour les mots suivants et écrivez des exemples.

	Synonyme	Antonyme
preserver		
découvrir		
imposer		
prédominant		
varié		
promouvoir		
récompenser		
rentable		

> **STRATEGY**
>
> Certain verbs in French can have a different meaning when used as reflexive verbs or with a preposition. Make sure you know the various meanings.

2 À l'aide d'un dictionnaire, écrivez les deux sens des verbes suivants en anglais.

a venir, venir de (faire quelque chose) ....

b engager, s'engager à ....

c entendre, s'entendre ....

d arriver, arriver à ....

e manquer, manquer à ....

f compter, compter sur ....

Grammar activities

H15 Subjunctive

The subjunctive indicates the mood of the verb and deals with attitudes and emotional reactions. E.g. *j'ai peur qu'il ne vienne pas, je ne pense pas que nous y allions*. The subjunctive is used after *il faut que, bien que, pour que…* and verbs expressing an emotion followed by *que* (*désirer, vouloir, souhaiter, regretter, s'étonner, préférer, craindre…*).

1 Choisissez la forme correcte du verbe.

a Ça m'étonne que tu **aimes** | **aime** ce style de musique.

b Il faut que nous **allions** | **allons** voir ce concert.

c Je suis content que cette chanson **est** | **soit** première dans les meilleures ventes.

d Je suis surprise que ce chanteur **a** | **ait** du succès en France.

e Ils ont dû chanter en français pour que leurs textes **soient** | **soit** compris.

f Nous imposons que vous **réservez** | **réserviez** 40 % à la chanson francophone.

g Je n'aime pas qu'elles **écoutes** | **écoutent** ce genre de musique.

h Je crains qu'il ne **comprend** | **comprenne** pas les paroles.

2 Complétez les phrases avec le présent du subjonctif du verbe entre parenthèses.

a Il faut absolument que tu .... (*visiter*) les jardins de Versailles.

b Je regrette que tu ne .... (*pouvoir*) pas monter en haut de la Tour Eiffel.

c Nous craignons que le musée .... (*être*) fermé.

d Il est important qu'une région .... (*préserver*) sa langue régionale.

e Elle s'étonne que les touristes ne .... (*respecter*) pas le site.

f Bien qu'il y .... (*avoir*) trop de monde, c'est un site magnifique.

g Il est essentiel que nous .... (*protéger*) les espèces en voie de disparition.

h Je préfère qu'il ne .... (*venir*) pas avec nous.

3 Complétez les phrases avec la forme correcte du subjonctif d'un verbe de la case.

vouloir	réserver
regarder	aimer
visiter	rentrer
avoir	comprendre
être	

a Je ne pense pas qu'il .... trop tard pour cette séance.

b Je suis surprise que tant de monde .... voir ce film.

c Il nous explique le contexte pour que nous .... mieux.

d Tu peux y aller à condition que tu .... avant minuit.

e Il vaut mieux que nous .... avant d'y aller.

f Je ne comprends pas qu'elle .... ce genre de film.

g Il faut que vous .... le film en version originale.

h Je crains qu'il n'y .... plus de places.

H11 Conditional

The conditional is used to express what **would** or **should** happen. It often follows a *si* clause in the imperfect. For example, *Si j'avais assez d'argent, j'irais au festival.*

1 **Complétez les phrases avec la forme conditionnelle du verbe entre parenthèses.**

   a Si le film n'avait pas de sous-titres, il .... (*être*) difficile à comprendre.

   b Je .... (*préférer*) voir ce film en version originale.

   c Sans tous ces effets spéciaux, ce film n'............................... (*avoir*) pas autant de succès.

   d Si j'étais membre du jury, je .... (*voter*) pour cette actrice.

   e Sans le soutien financier de l'État, les films américains .... (*dominer*) à l'affiche.

   f Si cet acteur avait le rôle principal, il .... (*recevoir*) le césar du meilleur acteur.

   g On .... (*pouvoir*) dire que dans les années 30, le cinéma s'est concentré sur l'apparence.

   h Sans le bouche à oreille, les spectateurs ne .... (*venir*) pas nombreux.

2 **Complétez les phrases avec la forme correcte du conditionnel d'un verbe dans la case.**

participer	réserver
entendre	avoir
préférer	être
falloir	voyager
aller	

   a S'ils n'avaient pas chanté d'abord en français, certains artistes africains ne .... pas de grandes vedettes.

   b Sans le quota de 40%, on .... beaucoup moins de chansons francophones à la radio.

   c Sans la radio, les nouveaux talents .... du mal à se faire connaitre.

   d Il .... imposer un quota à YouTube.

   e À quel genre de festival ....-tu aller ?

   f Si j'étais toi, je .... des places tout de suite.

   g J'............................... bien au festival des Francofolies.

   h Si ces groupes étaient invités, ils .... au festival.

3 **Traduisez les phrases en anglais.**

   a Si on ne restaurait pas les vieux bâtiments, on perdrait notre patrimoine.
   ....
   ....

   b Si les pèlerins ne croyaient pas aux miracles, ils ne visiteraient pas Lourdes.
   ....
   ....

   c Si j'allais à un fest-noz, je danserais toute la soirée.
   ....
   ....

   d Si la Bretagne n'avait pas préservé sa langue régionale, on ne parlerait plus le breton.
   ....
   ....

   e Vous devriez gouter aux spécialités locales.
   ....
   ....

   f Il faudrait dépenser plus d'argent pour protéger ce site.
   ....
   ....

   g Si on ne protégeait pas les tortues, elles disparaitraient.
   ....
   ....

   h Si j'avais assez d'argent, j'irais à Madagascar.
   ....
   ....

Exam-style questions

CARTE A	
Theme	Artistic culture in the French-speaking world
Sub-theme	Une culture fière de son patrimoine

Le Mont Saint-Michel, France

Le tourisme n'a pas que des côtés positifs pour des sites historiques classés au patrimoine mondial. Le parking au pied du Mont Saint-Michel n'existe plus et il faut maintenant prendre un bus entre le nouveau parking situé à 3 km du site.

Questions
- Que dit-on sur les sites de patrimoine culturel ?
- Quelle est votre réaction à l'information sur cette carte ?
- Quelle est l'importance du patrimoine culturel et historique en France ou dans les pays francophones ?

> **EXAM TIP**
> - Don't speak too fast or too slowly and pronounce words clearly.
> - If you don't understand, ask for clarification: *Pouvez-vous répéter, s'il vous plait ?*
> - If you can't remember a word, use a synonym or describe the object or what the word means.

	CARTE B
Theme	Artistic culture in the French-speaking world
Sub-theme	La musique francophone contemporaine

Festival de musique francophone

Le festival des Francofolies en France s'engage à faire connaitre les musiques et la chanson francophones contemporaines auprès d'un large public. Grâce à ce festival des nouveaux talents sont découverts et peuvent se lancer dans une carrière artistique.

Questions

- Que dit-on sur la musique francophone contemporaine ?
- Que pensez-vous de l'importance des festivals de chansons francophones ?
- Quelle est l'importance de participer à un festival quand on est un jeune chanteur ou musicien ?

■ STRATEGY

Improve your pronunciation by:
- listening regularly to French radio and television
- talking to native speakers whenever possible
- recording yourself and listening to spot any sounds that you need to work on.

	CARTE C
Theme	Artistic culture in the French-speaking world
Sub-theme	Cinéma, le septième art

Le cinéma, art ou industrie ?

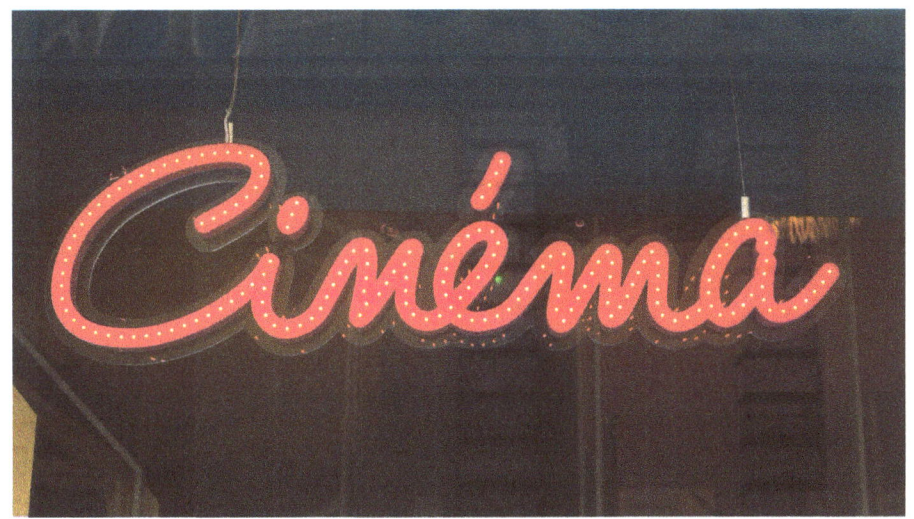

D'un côté, les cinéastes et les acteurs sont récompensés par un jury lors de festivals et considérés comme de grands artistes, de l'autre, les films sont le produit d'une industrie du divertissement où ils sont vendus et diffusés dans le but d'être le plus rentable possible.

Questions

- Que dit-on sur les deux aspects du cinéma ?
- Quelle est votre opinion par rapport à cette information ?
- Quelle est l'importance du cinéma francophone en France et à l'étranger ?

■ STRATEGY

Note that the third question on each card deals more broadly with the topic. This is your opportunity to show your knowledge and share your opinion on more general issues. It is, therefore, essential to have a broad knowledge of these topics and a wide vocabulary at your disposal.

■ COMMON MISTAKES

In this part of your exam (Part 1), 10 out of the 25 marks available are for language. Make sure you use the correct grammar and don't be caught out by using the wrong form of verbs.

NERVOUS ABOUT FILM & LITERATURE?

Build your confidence and develop the skills you need with these accessible study guides:

- Summaries of each chapter/scene, character and theme
- Regular grammar, vocab and writing exercises
- Pages of essential vocabulary and key mind maps
- Advice on how to write an essay, with sample questions and answers

Find them on Amazon or at www.hoddereducation.co.uk/modernlanguagesstudyguides

PLUS MANY MORE!

The Publishers would like to thank the following for permission to reproduce copyright material.

Photo credits: all internal photos © Fotolia

Hachette UK's policy is to use papers that are natural, renewable and recyclable products and made from wood grown in well-managed forests and other controlled sources. The logging and manufacturing processes are expected to conform to the environmental regulations of the country of origin.

Orders: please contact Hachette UK Distribution, Hely Hutchinson Centre, Milton Road, Didcot, Oxfordshire, OX11 7HH. Telephone: (44) 01235 827827. Email education@hachette.co.uk Lines are open from 9 a.m. to 5 p.m., Monday to Friday. You can also order through our website: www.hoddereducation.co.uk

ISBN: 978 1 5104 1773 1

© Karine Harrington and Séverine Chevrier-Clarke 2017

First published in 2017 by
Hodder Education (a trading division of Hodder & Stoughton Limited),
An Hachette UK Company
Carmelite House
50 Victoria Embankment
London EC4Y 0DZ

www.hoddereducation.co.uk

The authorised representative in the EEA is Hachette Ireland, 8 Castlecourt Centre, Dublin 15, D15 XTP3, Ireland (email: info@hbgi.ie)

Impression number 12

Year 2025

All rights reserved. Apart from any use permitted under UK copyright law, no part of this publication may be reproduced or transmitted in any form or by any means, electronic or mechanical, including photocopying and recording, or held within any information storage and retrieval system, without permission in writing from the publisher or under licence from the Copyright Licensing Agency Limited. Further details of such licences (for reprographic reproduction) may be obtained from the Copyright Licensing Agency Limited, www.cla.co.uk

Cover photo © pcalapre/Fotolia

Typeset in India

Printed in the UK by Ashford Colour Ltd

A catalogue record for this title is available from the British Library.